Das System der POLYGLOTT Sterne

Auf Ihrer Reise weisen Ihnen die Polyglott-Sterne den Weg zu den bedeutendsten Sehenswürdigkeiten aus Natur und Kultur. Für die Vergabe orientieren sich Autoren und Redaktion am UNESCO-Welterbe.

*** eine Reise wert ** einen Umweg wert * sehr sehenswert

*** Rhodos-Stadt S. 48

** Koskinou S. 83
** Thermen von Kalithea S. 84
** Tsambika S. 89
** Lindos S. 92
** Kloster Thari S. 100
** Asklipio S. 101
** Kimisis Theotokou S. 101
** Ialisos/Filerimos S. 107
** Petaloudes S. 111
** Kamiros S. 112
** Agios Nikolaos Fountoukli S. 116
** Burg Monolithos S. 121
** Simi S. 132
** Kloster Panormitis S. 135

* Kolimbia S. 88
* Epta Piges S. 88
* Archangelos S. 90
* Feraklos S. 91
* Profitis Ilias S. 115
* Embonas S. 118
* Kloster Skiadi S. 126
* Agios Georgios Vardas S. 128

Unsere Preissymbole bedeuten:

Hotel (DZ)		Restaurant (Menü)	
●●●	über 90 €	●●●	über 25 €
●●	50 bis 90 €	●●	12 bis 25 €
●	bis 50 €	●	bis 12 €

Wechselkurs:

1 €	1,33 CHF	1 CHF	0,75 €

10 Embonas Seite 118

Rund um den Ataviros, den höchsten Berg der Insel, lebt man vom Weinanbau. Die größte Kellerei der rhodischen Weinhauptstadt ist Emery, deren Fabrik man auch besichtigen kann – mit Verkostung selbstverständlich. Bei einem Spaziergang durch das Dorf, das mittlerweile stark vom Tagestourismus geprägt ist, sollte man auf die traditionelle Inselarchitektur achten. Zudem findet man in Embonas noch an heimischen Webstühlen gefertigte Teppiche.

11 Burg Monolithos Seite 121

Tief im Süden liegt diese einsame Burgruine, einst eine jener Festungen, mit denen die Johanniter-Ritter die Küste sicherten und zugleich eine Signalkette bis hoch zu ihrer nördlichen Festung Bodrum in der Türkei legten. Von der Burg sind nur die Außenmauern und eine kleine weiße Kapelle geblieben, doch die Aussicht über die dramatisch steil ins Meer fallende Küste und das glitzernde Meer bis zu den Felseilanden m Chalki ist spektakulär.

12 Simi Seite 132

Simi ist eine kleine Felseninsel, keine zwei Fährstunden von Rhodos entfernt. Durch den Schwammtaucherboom im 19. Jh. ist hier eine der schönsten Städte der Ägäis entstanden, eine Sinfonie des Neoklassizismus in der wunderbaren Naturkulisse einer engen Bucht. Zwar fehlen gute Strände, aber die Tavernen rund um das Hafenbecken bieten alle Köstlichkeiten des Mittelmeeres.

7 Asklipio

Seite 101

Das schneeweiße Bergdorf im Süden der Insel hat an Ursprünglichkeit kaum etwas eingebüßt. Wer den Weg hinauf findet, der möchte in erster Linie die fast 1000 Jahre alte Kirche Kimisis Theotokou, geweiht der »Entschlafung der Muttergottes«, besuchen. Sie birgt die wohl schönsten nachbyzantinischen Fresken der Insel – ein wahres Kaleidoskop der biblischen Bilder und Heiligen, darunter eine eher seltene Darstellung des Buchs der Apokalypse.

8 Ialisos

Seite 107

Ialisos gibt es heute zweimal: einmal den modernen Ort in der Strandebene mit zahlreichen großen Hotels. Zum zweiten die antike Siedlung, eine der drei dorischen Städte vor der Gründung der Stadt Rhodos. Auf dem Tempelberg dieser Stadt entstand später das Kloster Filerimos, das eine berühmte wundertätige Ikone verwahrte. Die Anlage mit ihren mächtigen Zypressen, in der Pfauen umherstolzieren, ist heute einer der idyllischsten Plätze der Insel und lohnt den Besuch, auch wenn die antiken Zeugnisse eher spärlich sind.

9 Kamiros

Seite 112

Bei der eindrucksvollen Ruinenstätte handelt es sich um die dritte antike Stadt, die einzige, die in wesentlichen Teilen freigelegt werden konnte. So sieht der Besucher heute nicht nur Tempel und Weiheplätze, sondern auch winzige Wohnhäuser und zahlreiche Werkstätten. Dort lebten und arbeiteten die Handwerker dieser Stadt, die zu ihrer Blütezeit berühmt für ihre kostbar bemalten Keramiken war.

POLYGLOTT on tour

Rhodos

Die Autoren

Frauke Burian
studierte in Berlin, wo sie heute als Lektorin an der Freien Universität tätig ist. Seit vielen Jahren lebt sie immer wieder monatelang in Griechenland. Ihr Interesse für dieses Land hat sich in vielen Reiseführern niedergeschlagen.

Gudrun Raether-Klünker
lebt mit ihrer Familie in Aachen und arbeitet als freie Lektorin und Reisejournalistin für diverse Verlage. Griechenland lernte sie auf unzähligen Reisen kennen und lieben. Sie hat bereits mehrere Reiseführer über Griechenland veröffentlicht.

POLYGLOTT Top 12

Reiseplanung

Land & Leute

Unterwegs auf Rhodos

Ein Bummel durch die Altstadt kommt einem Streifzug durch 2400 Jahre Geschichte gleich. Eine Mischung aus Ritterromantik, orientalischem Flair und griechischer Geschäftigkeit erfüllt die engen Gassen. Nachts hingegen pulsiert das Leben in der Neustadt.

Die Ostküste 78

Windgeschützte Strände, kosmopolitische Urlaubsorte und typisch griechische Dörfer, freskengeschmückte Klöster und die märchenhaften Thermen von Kalithea erwarten Sie an der Ostküste.

Die Westküste 102

Verträumte Dörfchen, zerklüftete Felsen und nicht zuletzt das Schmetterlingstal Petaloudes locken Individualisten in den wilden Westen der Insel. Wer gerne wandert, findet im Landesinneren lohnende Ziele wie den Ataviros, den höchsten Berg von Rhodos.

Der stille Süden 122

Im Süden scheint die Zeit noch stillzustehen. Prassonissi zählt zu den schönsten Stränden der Insel, im Landesinneren laden abgelegene Dörfer und byzantinische Kleinode zu Erkundungen ein.

Die Nachbarinseln Simi und Chalki 129

Die karstigen Felseninseln sind per Schiff schnell erreicht. Wer in die enge Hafenbucht von Simi einfährt, blickt auf eine der schönsten Städte der Ägäis. Auf Chalki werden im Hauptort Nimborio immer mehr der klassizistischen Giebelhäuser für Touristen restauriert.

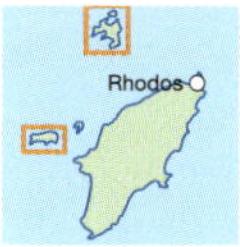

Infos von A–Z 138

Echt gut!

Karten

Reiseplanung

Die Reiseregion im Überblick][Die schönsten Touren][Klima und Reisezeit][Anreise][Reisen im Land][Sport und Aktivitäten][Unterkunft

Die Reiseregion im Überblick

Traumziel Rhodos! Die größte und vegetationsreichste der Dodekanes-Inseln bietet beste Bedingungen für unbeschwerte Urlaubstage. Denn die Insel des Helios ist nicht nur mit langen Sandstränden und mehr als 270 Sonnentagen pro Jahr gesegnet, sondern auch mit hochkarätigen Sehenswürdigkeiten. Seit jeher Bindeglied zwischen Europa und Asien, blickt die Insel auf eine bewegte Vergangenheit zurück, die in zahlreichen antiken Stätten, eindrucksvollen Ordensfestungen, Kirchen und Moscheen ihren Ausdruck gefunden hat.

Hauptsehenswürdigkeit der Insel ist zweifellos **Rhodos-Stadt,** das über eine der zauberhaftesten Altstädte Griechenlands verfügt. Spektakulär sind die mächtigen Ritterpaläste, orientalisch mutet die Atmosphäre auf der Basarstraße Odos Sokratous an, bildschön ist der Mandraki-Hafen mit seinen berühmten Windmühlen.

Die herrlichsten Sandstrände liegen an der **Ostküste** – kein Wunder also, dass die Region fest in touristischer Hand ist. Wenngleich größere Hotelanlagen weite Teile der Küste prägen, muss man seinen Urlaub aber nicht zwangsläufig in Bettenburgen à la Faliraki verbringen, das partyfreudige Jugendliche aus ganz Europa anzieht. Individualreisende kommen in Orten wie Archangelos/Stegna oder Charaki durchaus auf ihre Kosten. Ein Juwel ist das Städtchen Lindos, dessen schneeweiße kubische Häuser sich malerisch an die Hänge unterhalb der Akropolis schmiegen. Von der Ostküste aus bieten sich zahlreiche Abstecher ins Landesinnere an: zu den Sieben Quellen, zu Klöstern, Kirchen und vom Massentourismus noch verschont gebliebenen Dörfern.

Eine Insel für jeden Geschmack

Wie auf kaum einer anderen griechischen Insel lassen sich auf Rhodos Bade-, Aktiv- und Kultururlaub miteinander kombinieren. Ganz gleich, in welchem Küstenort man Quartier bezogen hat – wer gerne für einen Tag auf Baden und Wassersport verzichten möchte, der erreicht mit dem Mietwagen mühelos sowohl wunderschöne Wanderziele im Landesinneren als auch kulturelle Highlights, zu denen in erster Linie Rhodos-Stadt, Lindos und die Ausgrabungsstätte von Kamiros zählen. Früher nahm eine Inselerkundung mehrere Tage in Anspruch – dies hat sich dank der mittlerweile guten Infrastruktur geändert. Auf der Küstenstraße kann man die Insel theoretisch an einem Tag umrunden – es sind nur 220 km. Auf den kurvenreichen Straßen im Inland kommt man allerdings nicht ganz so rasch voran. Von vielen Orten und Hotels werden im Hochsommer organisierte Tagesausflüge angeboten.

Paradies für Schnorchler: die Anthony-Quinn-Bucht südlich von Faliraki

Rauer, windumtost und überwiegend von schmalen Kiesstränden gesäumt präsentiert sich die **Westküste.** Im Norden, bei Ixia und Ialisos, befinden sich zahlreiche große, aber durchaus empfehlenswerte Hotelanlagen sowie die besten Surfspots der Insel. Je weiter man nach Süden fährt, desto einsamer wird die Küstenlandschaft. In eindrucksvoller Lage oberhalb des Meeres liegt die Ausgrabungsstätte von Kamiros, eine der bedeutendsten Sehenswürdigkeiten der Insel. Individualisten steuern den kleinen Hafen Kamiros Skala an, von dem aus Schiffe auf die stille Nachbarinsel Chalki übersetzen und wo es hervorragende Fischtavernen gibt. Von der Westküste aus lassen sich lohnende Wanderungen unternehmen: auf den Ataviros, den höchsten Berg der Insel, und auf den waldreichen Profitis Ilias. Und ganz im Süden lockt noch ein Highlight: Monolithos. Von der Burgruine genießt man einen fantastischen Ausblick über die atemberaubend schöne Küstenlandschaft.

Individualisten werden den **Süden** schätzen. Einsame Strände, alte Klöster und urige Bauerndörfer wie Messanagros bestimmen das Gesicht der Region. Zudem befindet sich an der Südspitze, bei Prassonissi, einer der schönsten Strände und besten Surfspots von Rhodos.

Beliebte Ausflugsziele ab Rhodos sind die nahezu vegetationslosen, felsigen Nachbarinseln **Simi** (Symi) und **Chalki,** die einst berühmt für ihre Schwammfischerflotten waren. Beide besitzen stille Badestrände und hübsche, von alten Steinhäusern gesäumte Häfen. Wer Ruhe abseits des Touristenstroms und authentisches griechisches Leben sucht, der sollte hier ein paar Tage verbringen.

Karte Umschlag hinten

Die schönsten Touren

Einwöchige Rhodos-Rundreise

–1– Rhodos-Stadt › Thermen von Kalithea › Epta Piges › Tsambika › Archangelos/Stegna › Lindos › Kloster Thari › Kattavia › Prassonissi › Monolithos › Kamiros Skala › Kamiros › Petaloudes-Tal › Trianda/Ialisos › Ialisos/Filerimos › Rhodos-Stadt

Distanzen

Rhodos-Stadt › Thermen von Kalithea 11 km; **Thermen von Kalithea › Epta Piges** 23 km; **Epta Piges › Tsambika** 6 km; **Tsambika › Archangelos/Stegna** 6 km; **Archangelos/Stegna › Lindos** 20 km; **Lindos › Kloster Thari** 25 km; **Kloster Thari › Kattavia** 52 km; **Kattavia › Prassonissi** 7 km; **Prassonissi › Kattavia** 7 km; **Kattavia › Monolithos** 28 km; **Monolithos › Kamiros Skala** 24 km; **Kamiros Skala › Kamiros** 14 km; **Kamiros › Petaloudes-Tal** 27 km; **Petaloudes-Tal › Trianda/Ialisos** 20 km; **Trianda/Ialisos › Ialisos/Filerimos** 4 km; **Ialisos/Filerimos › Rhodos-Stadt** 14 km.

Verkehrsmittel

Für diese Tour ist ein Pkw unbedingt erforderlich: Das im Norden noch recht gute Busnetz wird nach Süden hin immer dünner. Viele Sehenswürdigkeiten wie die Wallfahrtskirche von Tsambika, das Kloster Thari und das in völliger Abgeschiedenheit gelegene Kloster Skiadi werden gar nicht von Bussen angesteuert.

Die ersten beiden Tage gehören *****Rhodos-Stadt** › S. 48, das zu den schönsten Städten Griechenlands zählt. Vom Mandraki-Hafen mit seinen legendären Windmühlen führt der Weg direkt hinein in die malerischen Altstadtgassen, wo zahlreiche Sehenswürdigkeiten locken. Archäologisch Interessierte werden am zweiten Tag vielleicht auf den Monte Smith hinaufsteigen (ca. 30 Min.), wo sich die Überreste eines Amphitheaters und der Apollon-Tempel befinden. Anschließend lohnt ein Bummel an die Nordspitze, zum Türkischen Friedhof, und, je nach Lust und Laune, ein erfrischendes erstes Bad im Meer, am nahen Elli-Strand. Am dritten Tag geht es mit dem Mietwagen Richtung Ostküste, erster Stopp sind die zauberhaften ****Thermen von Kalithea** › S. 84. Sorgfältig restauriert, ist die in den 1930er-Jahren von den Italienern errichtete Thermenanlage heute wieder in Betrieb. Wieder zurück auf

Karte Umschlag hinten

dem Ostküsten-Highway, folgt man der Straße nach Süden, um bei Kolimbia ins Landesinnere zu den ***Epta Piges** › S. 88 abzubiegen. Hier genießt man bei einem Spaziergang entlang des kleinen Baches (ca. 30 Min.) im Schatten hoher Bäume die erfrischende Kühle; ein Waldlokal lädt zur Rast. Auf der Ostküstenstraße weiterfahrend hat man nach ein paar Minuten Fahrt ****Tsambika** › S. 89 erreicht. Der Blick von der berühmten Wallfahrtskapelle Kira Tsambika über die Küste und auf den unverbauten Tsambika-Strand, der anschließend zu einem Badestopp einlädt, ist überwältigend.

Mandraki-Hafen von Rhodos-Stadt

Wieder oben auf der Hauptstraße lockt ein schönes Lokal zur Rast: das Panorama-Restaurant Tsambika Psili vis-à-vis des Klosters. Von hier aus ist es nur ein Katzensprung bis ins geschäftige Städtchen ***Archangelos** › S. 90, wo man herrlich bummeln und Töpfer- oder Lederwaren einkaufen kann. Hier oder am 3 km entfernt gelegenen Strand von **Stegna** › S. 90 nimmt man Quartier für die Nacht. Am vierten Tag geht es am ehemaligen Fischerdörfchen Charaki vorbei schnurstracks nach ****Lindos** › S. 92, dem schönsten Ort der Insel. Durch die Gassen des blendend weißen Städtchens bummelt man zur berühmten Akropolis hinauf und genießt die atemberaubende Sicht auf die Küste und die Paulus-Bucht. Der stille Süden der Insel steht am fünften Tag auf dem Programm. Den Auftakt bildet ein Abstecher ins Landesinnere, zum sehenswerten ****Kloster Thari** › S. 100. Über die neue Asphaltstraße erreicht man bei Kiotari wieder die Ostküstenstraße, der man bis **Kattavia** › S. 126 folgt. Das kleine, typisch griechische Landstädtchen mit netten Tavernen eignet sich als Ausgangspunkt, um einen Badetag am Strand von **Prassonissi** › S. 127 einzulegen. Eine gute Alternative ist die Besichtigung des ***Wallfahrtsklosters Skiadi** › S. 126. Erstes Ziel am sechsten Tag ist die ****Burg Monolithos** › S. 121, von der sich ein fantastischer Panoramablick über die Küste bietet. Über Siana geht die Fahrt weiter ans Meer, zum Hafen von **Kamiros Skala** › S. 117. Auf dem Weg dorthin lohnt ein Abstecher ins Landesinnere, über das zauberhafte Bergdorf **Kritinia** › S. 118 in die Weinhauptstadt ***Embonas** › S. 118. Am Abend locken in Kamiros Skala hervorragende Fischtavernen. Am siebten Tag wird die berühmte Ausgrabungsstätte von ****Kamiros** › S. 112 angesteuert. Einziger Wermutstropfen: Der duftende

Pinienhain, der Kamiros umgab, ist bei dem Waldbrand 2008 weitgehend zerstört worden. Kurz vor Soroni zweigt die Straße nach rechts ab zum berühmten Schmetterlingstal ****Petaloudes** › S. 111, dessen einzigartige Flora und Fauna man auf einem Rundgang kennenlernen kann (ca. 90 Min.). Bevor man nach Rhodos-Stadt zurückkehrt, sollte man beim Küstenstädtchen **Trianda/Ialisos** › S. 106 unbedingt einen Abstecher hinauf nach ****Ialisos/Filerimos** › S. 107 machen. An der Stelle der einst bedeutendsten dorischen Stadt auf Rhodos entstand ein romantisches byzantinisches Kloster. Von hier ist es nur noch ein Katzensprung zum Ausgangspunkt der Tour.

Tagestour in die Umgebung von Rhodos-Stadt

–②– Rhodos-Stadt › Koskinou › Thermen von Kalithea › Trianda/Ialisos › Ialisos/Filerimos › Rhodos-Stadt

Distanzen

Rhodos-Stadt › Koskinou 10 km; **Koskinou › Thermen von Kalithea** 4 km; **Thermen von Kalithea › Trianda/Ialisos** 12 km; **Trianda/Ialisos › Ialisos/Filerimos** 4 km; **Ialisos/Filerimos › Rhodos-Stadt** 14 km.

Verkehrsmittel

Beliebte Ausflugsziele wie die Thermen von Kalithea und Ialisos/Trianda werden von Rhodos-Stadt aus regelmäßig mit dem Bus angefahren. Wegen der schlechten Verbindung zwischen Ost- und Westküste ist die vorgeschlagene Tour aber nur mit dem Auto problemlos zu bewältigen.

Man verlässt *****Rhodos-Stadt** › S. 48 Richtung Ostküste und biegt am Abzweig nach Reni Koskinou ins Landesinnere nach ****Koskinou** › S. 83 ab, das dank seiner traditionellen Inselarchitektur zu den schönsten Dörfern von Rhodos zählt und dessen Ortszentrum mittlerweile unter Denkmalschutz steht. Nach einem ausgiebigen Bummel durch die Gassen, bei dem man auf viele attraktive Fotomotive stößt, geht es zurück an die Küste zu den ****Thermen von Kalithea** › S. 84, die nach ihrer Restaurierung wieder in altem Glanz erstrahlen. Nach einer Besichtigung kann man hier oder an den südlich gelegenen Felsbuchten im glasklaren Wasser wunderbar baden. Kleine Imbiss-Restaurants bieten einfache Gerichte an. Über Koskinou geht es quer durchs Insel-

Karte Umschlag hinten

innere an die meist windumtoste Westküste. Bei **Trianda/Ialisos** › S. 106 stellt das Bad in der stürmischen Brandung bisweilen eine echte Herausforderung dar. Eine Serpentinenstraße windet sich in unzähligen Schleifen hoch nach ****Ialisos/Filerimos** › S. 107. Das idyllische Kloster, die Reste der einstigen antiken Stadt und ein von Pinien gesäumter Kreuzweg, an dessen Ende ein fantastischer Panoramablick lockt, setzen einen schönen Schlusspunkt unter den Tagesausflug.

In den Gassen von Koskinou

Dreitägige Wandertour im Inselinneren

3 Rhodos-Stadt › Salakos › Profitis Ilias › Embonas › Ataviros › Monolithos › Kap Fourni › Apolakkia › Agios Georgios Vardas

Distanzen

Rhodos-Stadt › Salakos 63 km; **Salakos › Embonas** 17 km; **Embonas › Monolithos** 18 km; **Monolithos › Apolakkia** 11 km.

Verkehrsmittel

Um zu den Ausgangspunkten der Wandertouren zu gelangen, ist ein Auto unverzichtbar. Das Fahrzeug stehen lassen kann, wer mehr Zeit zur Verfügung hat.

Die grüne, waldreiche und gebirgige Landschaft im Herzen der Insel eignet sich hervorragend für Wandertouren. Zwischen den Bergmassiven des Ataviros oder des Profitis Ilias liegen malerische kleine Bergdörfer, dazu lassen sich Juwelen byzantinischer Kunst entdecken wie die Kirche Agios Nikolaos Fountoukli.

Von *****Rhodos-Stadt** › S. 48 aus folgt man der Westküstenstraße, bis man kurz vor Kremasti in Richtung Maritsa abbiegt. Über **Psinthos** › S. 87, von wo aus ein Abstecher in das Schmetterlingstal ****Petaloudes** › S. 111 möglich ist, erreicht man **Archipoli** › S. 89 mit seinem markanten durchbrochenen Glockenturm. Von hier aus ist es nicht mehr weit bis **Eleousa** › S. 89. Hinter dem Ort beginnt die waldreiche, mythenschwere rhodische Bergwelt. Vorbei an der sehenswerten byzantinischen Kirche ****Agios Nikolaos Fountoukli** › S. 116 erreicht man den Ort **Salakos** › S. 114, wo eine der schönsten Inselwanderungen startet, die auf den ***Profitis Ilias** (hin und zurück ca. 4 Std.) › S. 103, 115. Wer Lust hat, fährt noch am gleichen Tag weiter nach ***Embonas** › S. 118, um am nächsten Morgen von dort den Aufstieg auf den **Ataviros** › S. 105, 119 zu wagen. Der höchste Berg der Insel sollte nur bei gutem Wetter und nie allein bestiegen werden (hin und zurück ca. 7 Std.). Wer nach dieser Strapaze einen erholsamen Tag einschieben möchte, verweilt im Hafenörtchen **Kamiros Skala** › S. 117 oder fährt zum Baden an den Strand von **Glifada** › Karte S. 80, Abzweigung von der Küstenstraße kurz vor Siana. Fast ein Spaziergang ist dagegen die Wanderung, die am nächsten Tag auf dem Programm steht. Von ****Monolithos** › S. 121 aus führt ein kleines Sträßchen an die Küste zum **Kap Fourni** › S. 121 hinunter, wo man ruhige Badebuchten vorfindet (hin und zurück 3 Std.). Wer noch Tatendrang verspürt, wandert von **Apolakkia** › S. 128 aus in Richtung Stausee. Dort wartet mit der Einraumkirche ***Agios Georgios Vardas** › S. 123, 128 ein spätbyzantinisches Juwel (hin und zurück ca. 1,5 Std.). Über die West- bzw. alternativ über die Ostküstenstraße geht es dann zurück nach Rhodos-Stadt.

Touren in den Regionen

Touren	Region	Dauer	Seite
Rundgang durch die Altstadt	Rhodos-Stadt	1 Tag	50
Über die Stadtmauern	Rhodos-Stadt	ca. 1 Std.	66
Mandraki-Hafen und Neustadt	Rhodos-Stadt	ca. 2 Std.	68
Sieben Quellen und ein Traumstrand	Ostküste	1 Tag	79
Burgen und Buchten	Ostküste	4–5 Std.	82
Ins stille Landesinnere	Ostküste	1 Tag	82
Wanderung auf den Profitis Ilias	Westküste	ca. 4 Std.	103
Ins antike Kamiros	Westküste	1 Tag	104
Umgebung von Kamiros Skala	Westküste	ca. 5 Std.	105
Besteigung des Ataviros	Westküste	ca. 7 Std.	105
Wanderung zu Kirchen und Kapellen	Süden	3 Std.	123
Bergdörfer und Traumstrände	Süden	1 Tag	123
Wanderung zum Kloster Roukouniotis	Simi	4 Std.	130
Wanderung zum Kloster Agios Ioannis	Chalki	3 Std.	131

Klima und Reisezeit

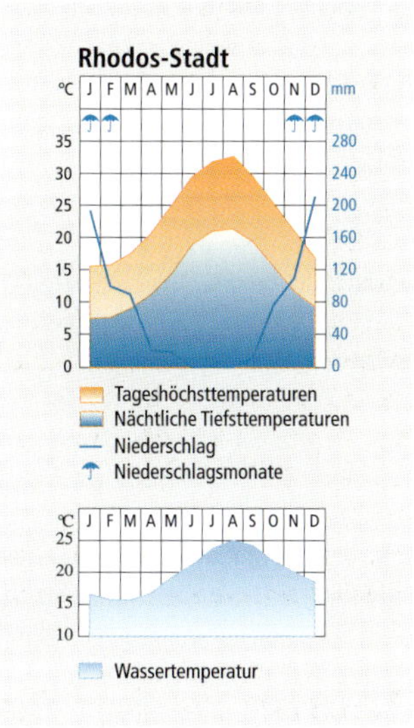

Das Klima auf Rhodos ist gekennzeichnet durch trockene, heiße Sommer und niederschlagsreiche, milde Winter. Schon die Lage der Insel im Süden des Dodekanes und die schützende Nähe zum türkischen Festland sorgen für hohe Temperaturen im Sommer. Zwar weht immer eine angenehme Brise, doch der Nordwind Meltemi bringt keine so starke Abkühlung wie z. B. auf den Kykladen, wo er sich im Hochsommer oft zum Sturm steigert. Die Westküste ist den Winden stärker ausgesetzt als die Ostküste, was Segler und Surfer zu schätzen wissen.

Mit 270 Sonnentagen im Jahr übertrifft Rhodos sogar Kreta und Zypern. Noch im Oktober können die Lufttemperaturen auf 30 °C steigen, die Wassertemperaturen liegen bei 23 °C. Ab Ende Oktober nehmen sie allmählich ab, bis sie im Februar mit 16 °C ihren Tiefpunkt erreichen.

Ideale Reisemonate sind Mai/Juni oder September/Oktober. Zum einen geht es auf der Insel dann etwas ruhiger zu, zum anderen ist es nicht ganz so heiß. Wanderer werden vor allem das Frühjahr schätzen, wenn bunte Blumenteppiche die Insel überziehen.

Anreise

Zwischen Mai und Oktober gibt es zahlreiche Charterverbindungen von den meisten deutschen Flughäfen nach Rhodos. Die Flugzeit beträgt von Frankfurt ca. 3 Std. Im Winter muss man über Athen fliegen. Alternativ erreicht man von Piräus aus die Insel auch mit der Fähre; die Fahrtzeit beträgt je nach Route und Schiff zwischen 10 und 20 Std.

Der Flughafen Diagoras (www.hcaa-eleng.gr/rhod.htm) liegt an der Westküste der Insel, 12 km südlich von Rhodos-Stadt. Die Schalter der

Mietwagenagenturen sind zu allen Flugankünften geöffnet. Wenn man nicht vom Hotelbus abgeholt wird, kann man für ca. 18 € ein Taxi nach Rhodos-Stadt nehmen. Von Paradissi, 5 Min. zu Fuß vom Flughafen, fahren zudem alle 30 Min. Linienbusse nach Rhodos-Stadt (2,20 €). An der Nea Agora in Rhodos-Stadt starten alle Busse zu den Inseldörfern und in den Osten von Rhodos – direkte Verbindungen vom Flughafen bestehen nicht.

Reisen im Land

Busse

Ab Rhodos-Stadt erreicht man fast jedes Inseldorf problemlos mit dem Bus. Es gibt zwei Busgesellschaften: RODA bedient die Westküste, KTEL die Ostküste mit Faliraki und Lindos. Die Haltestellen liegen jeweils an der Nea Agora. Der Fahrpreis ist niedrig (z. B. Rhodos-Stadt–Lindos 4,40 €); bezahlt wird im Bus oder am Ticketschalter. Die Busse in die Badeorte fahren halbstündlich, ins Inselinnere und in den Süden nur ein- bis dreimal am Tag. An Wochenenden, Feiertagen und im Winter ist der Verkehr eingeschränkt. Die Stadtbusse fahren an der Platia Eleftherias vor der Nea Agora ab. Fahrscheine kauft man an den Kiosken oder im Bus. Bei der EOT › S. 139 ist ein Busfahrplan erhältlich, den man sich auch von der Webseite herunterladen kann (www.ando.gr/eot).

Taxis

Rhodos-Stadt ist mit Taxis gut versorgt. Ein Taxistandplatz befindet sich an der Platia Rimini neben der Nea Agora, wo auf einer Tafel die Tarife für Fahrten in die Inselorte aufgelistet sind. Taxis warten auch am Flughafen und vor den großen Hotels. Eine Tarifliste ist bei der EOT erhältlich (Preisbeispiel: Rhodos-Stadt–Kolimbia 26 €).

Mietfahrzeuge

Es ist günstiger, den Mietwagen vorab im Heimatland zu buchen. Die Fahrzeuge sind meist recht neu und in gutem Zustand. Für Kinder unter zwölf Jahren, die kleiner sind als 1,50 m, ist ein Kindersitz zwingend vorgeschrieben. Er muss bei den Mietwagenfirmen eigens angefordert und meist extra bezahlt werden.

Deutsche und Österreicher brauchen auf Rhodos den nationalen, Schweizer auch den internationalen Führerschein. Auf Rhodos herrscht Anschnallpflicht,

Im Emborio-Hafen legen auch die großen Kreuzfahrtschiffe an

für Motorradfahrer Helmpflicht (die Vermieter müssen einen Helm stellen). Schutzkleidung ist wünschenswert, da Stürze auf den Schotterpisten zu schweren Verletzungen führen können.

Die Höchstgeschwindigkeit in Orten beträgt 50 km/h, auf Landstraßen 90 km/h. Telefonieren ist während der Fahrt nur mit Freisprechanlage erlaubt. Die Promillegrenze liegt bei 0,25 bzw. 0,1 für Motorradfahrer. Verstöße werden mitunter schwer bestraft.

Achtung bei Regen: Auf Rhodos regnet es selten, wenn aber, dann oft sehr stark. Blitzschnell können sich Straßen und Täler in reißende Flüsse verwandeln. Dadurch gab es immer wieder Todesfälle. Bei einsetzendem Regen sollte man daher nicht weiterfahren, sondern das Fahrzeug an einem sicheren Ort zum Stehen bringen.

Fähren/Hydrofoils

Von Rhodos aus bestehen im Sommer täglich Fährverbindungen nach Piräus und auf die anderen Inseln des Dodekanes sowie mehrmals pro Woche nach Syros (Kykladen) und Kreta. Den aktuellen Fährplan entnimmt man den Greek Travel Pages (www.gtp.gr). Reisende sollten jedoch stets damit rechnen, dass sich Schiffsrouten und Abfahrtszeiten kurzfristig ändern. Deshalb gilt: vor Ort noch einmal aktuelle Infos einholen, z. B. bei der EOT › S. 139.

Im Sommer verbinden Hydrofoils (Gleitkufenboote) und Katamarane Rhodos mit Chalki, Tilos, Simi, Kastelorizo, Kos, Patmos, Leros, Kalimnos, Samos und Nissiros (www.12ne.gr). Schiffsausflüge werden täglich nach Simi, Nissiros, Kos und ins türkische Marmaris angeboten.

Die Ausflugsboote liegen im Mandraki-Hafen, die großen Fähren und Linienschiffe im benachbarten Emborio-Hafen.

Special

Unterwegs mit Kindern

Rhodos ist ein ideales Reiseziel für Familien mit Kindern. Ob in Restaurants, Hotels, Geschäften oder am Strand – spielende Kinder werden in der Regel nicht als störend empfunden. Viele Hotels bieten Betreuung in Miniclubs an. Neben den herrlichen Stränden und zahlreichen Wassersportvergnügungen sorgen auch kindgerechte Ausflugsziele für Abwechslung. Dazu zählen die imposanten Festungsruinen aus der Ritterzeit, das Rodini-Tal bei Rhodos-Stadt › S. 76, der neue History Park in Faliraki › S. 85, die Straußenfarm › S. 111 und das Schmetterlingstal Petaloudes › S. 111.

Strandvergnügen

Wer mit kleinen Kindern unterwegs ist, sollte die raue und windige Westküste meiden. Die flach abfallenden Sandstrände an der Ostküste sind für das gefahrlose Plantschen und Spielen am Meer besser geeignet: Faliraki, Tsambika, Kolimbia, Lindos, bei Windstille auch Prassonissi.

Sport und Spaß im Wasser

In den Sommermonaten gibt es in den touristischen Zentren ein unübersehbar großes Angebot an **Wassersportarten.** Ob Surfkurse, rasante Fahrten mit dem Bananaboat oder Tube Rides: Auf Rhodos bleiben keine Wünsche offen. Eine besondere Attraktion ist der **Wasserpark Faliraki,** der größte seiner Art in Europa. Kinder können sich dort mit Riesenwasserrutschen, einem Wellenbad, einem Piratenboot mit Wasserwerfern und einem von Seilen überspannten Tarzan-Pool vergnügen.

Wasserpark Faliraki

Hinter den Großhotels am Hang

www.water-park.gr

Sommer tgl. 9.30–19 Uhr, Eintritt 20 €, Kinder von 3–12 Jahren 15 €

Einblicke in die Unterwasserwelt

Im Sommer starten täglich **Glasbodenboote** vom Mandraki-Hafen aus zu 30-minütigen Fahrten – eine wunderbare Möglichkeit, die bunte Unterwasserwelt kennenzulernen. Diese Möglichkeit besteht auch im historischen **Aquarium** › S. 71 an der äußersten Nordspitze der Neustadt, wo in 40 in eine Grotte integrierten Wasserbecken bunte Fische, Rochen und die vom Aussterben bedrohten Meeresschildkröten an einem vorbeipaddeln. Angeschlossen ist ein kleines Museum mit »Kuriositäten« und ausgestopften Meerestieren wie Haien und Delfinen.

■ **Glasbodenboote**
Touren stdl. 10–16 Uhr
Infos am Mandraki-Hafen, z. B. bei Orca

■ **Aquarium**
Im Sommer tgl. 9–20.30 Uhr
Eintritt 5,50 €

Reiten mit Pferd oder Esel

Auf Rhodos sind Strandritte oder Ausritte in die Bergwelt möglich. An der Westküste gibt es in Ixia, Pastida, Ialisos, Trianda, Theologos und Kremasti Reitställe, an der Ostküste bei Tsambika (z. B. www.rhodesriding.com, ausgeschildert). Hier kann man Reitunterricht nehmen, sich geführten Reitausflügen anschließen oder, sofern man ein erfahrener Reiter ist, ein Pferd mieten. Die weniger aufwendige Alternative: auf dem Rücken eines Maultieres die zahlreichen Stufen hoch zur Akropolis von Lindos reiten (5 €). In der Hauptgasse von Lindos warten Eselführer mit ihren Tieren auf Kundschaft.

Familienfreundliche Hotels

Willkommen sind Kinder in allen Hotels, doch einige haben ihr Angebot speziell auf sie zugeschnitten. An dieser Stelle seien nur zwei Beispiele genannt: Das nahe dem Wasserpark gelegene **Hotel Esperides Beach** in **Faliraki** bietet Kinderanimation und viele Spielmöglichkeiten. Auch das Hotel **Alex Beach** in **Theologos** (Westküste) ist bekannt für Kinderfreundlichkeit. Für gute Stimmung, Spaß, Spiel und Spannung sorgen die Animateure des Kinderclubs. Dazu gibt's einen eigenen Kinderpool, Spielplatz etc.

■ **Hotel Esperides Beach**
Faliraki][www.esperides-beach.de

■ **Hotel Alex Beach**
Theologos
www.alex-beach.reisen.de

Ausflug ins Petaloudes-Tal

Zwar sollten die nachtaktiven Harlekinfalter, die im »Butterfly Valley« leben, tagsüber keinesfalls aufgescheucht werden, doch auch im Ruhezustand ist ihr Anblick wunderschön. Das empfindliche Ökosystem des Tals gibt zudem Gelegenheit, mit Kindern über die Bedeutung von Naturschutz zu sprechen. Und schließlich ist Petaloudes mit seiner üppigen Vegetation, durch die sich ein Bach schlängelt, auch landschaftlich sehr reizvoll › S. 111.

Sport und Aktivitäten

Dank herrlicher Strände und ausreichend Sonne ist Rhodos natürlich in erster Linie ein Badeurlaubsziel › S. 86. Dass an den Küsten auch eifrig Wassersport betrieben wird, versteht sich von selbst. Auch wenn viele Griechen dem Hang ausländischer Besucher zum Aktivismus noch immer etwas skeptisch gegenüberstehen: Für die nötige Infrastruktur zum Surfen, Segeln, Tauchen und Golfen sorgen sie schon!

Windsurfen

Zum Windsurfen › Special S. 109 sind die Buchten von Ixia und Ialisos sowie Faliraki geeignet, ferner Prassonissi ganz im Süden. Der dortige Wellengang stellt selbst anspruchsvolle Surfer zufrieden. Viele große Hotels bieten Surfunterricht an. Bewährte Surfschulen sind:

- **Pro Center Ialisos**

www.procenter-rhodos.com

- **Pro Center Prasonisi**

www.prasonisi.com

Segeln

Rhodos ist das größte Jachtzentrum der Ägäis. Man kann hier alle Arten von Segelbooten und Jachten, mit oder ohne Besatzung, chartern, z.B. bei Sailing Rhodes (Tel. 22410 61513, www.sailing-rhodes.gr).

Wer keine eigene Jacht mieten will, hat dennoch Gelegenheit, zu einem Mittelmeertörn in See zu stechen. Am Mandraki-Hafen liegen Boote vor Anker, die Tagestouren anbieten, ebenso in Lindos, Faliraki und Kolimbia. Man sollte sich aber nach dem Programm erkundigen – viele Fahrten entpuppen sich als Trink- und Partyfahrten. Und das ist schließlich nicht jedermanns Sache… Segelkurse bieten die beiden folgenden Segelschulen in der Neustadt von Rhodos an:

- **Offshore Yachting Club (Asiath)**

www.asiathr.gr

- **Marineclub Rhodos**

Tel. 22410 38043][Fax 22410 23287

Die Nordwestküste von Rhodos ist ein ideales Surfrevier

Tauchen

Das Tauchen mit Sauerstoffgerät ist in Griechenland nur mit Tauchlehrer erlaubt, weil man auf dem Meeresboden noch antike Schätze vermutet und Diebstahl verhindern will. Beliebte Tauchreviere sind die Buchten von Kalithea, Lindos und Plimiri. Tauchausflüge und Kurse bieten mehrere Schulen, deren Boote meist abends am Mandraki-Hafen in Rhodos-Stadt liegen; dort kann man sich informieren und auch buchen.

- **DiveMed College**
www.divemedcollege.com
- **Trident Diving School**
www.tridentdivingschool.com

Golf

Der ganzjährig geöffnete 18-Loch-Golfplatz bei Afandou ist einer von nur fünf Plätzen in ganz Griechenland. Er liegt zwischen dem langen Kiesstrand von Afandou und der Straße nach Lindos. Neben Schnupperkursen gibt es die Möglichkeit einer Wochenmitgliedschaft. Für das leiblich Wohl sorgt das Clubhaus mit Café. Das Equipment kann man leihen; Trainerstunden werden in englischer Sprache gehalten (Infos unter www.afandou golfcourse.com).

Wandern

Für ausgedehnte Wanderungen bieten sich vor allem Frühjahr und Herbst an. Gut ausgeschilderte Wanderwege sind auf Rhodos allerdings eher selten – einer der schönsten führt von Salakos auf den Profitis Ilias › S. 103, 115. Wer nicht an einer geführten Wanderung teilnehmen möchte (Infos unter www.walking-rhodes.com, Tel. 69451 66585), sollte sich auf jeden Fall einen guten Wanderführer besorgen. Das rhodische Fremdenverkehrsamt bietet einen (allerdings nicht mehr ganz aktuellen) Wanderführer in deutscher Sprache kostenlos zum Download

Echt gut!

Die reizvollsten Wanderungen

- Wohltuende Kühle umgibt einen bei der Wanderung durch das **Petaloudes-Tal**, das im Sommer Heimat Tausender Harlekinfalter ist (hin und zurück ca. 1,5 Std.) › S. 111.
- Auf alten Eselspfaden durch zum Teil dichten Wald führt die lohnende Tour von **Salakos** auf den **Profitis Ilias** › S. 103, 115.
- Kondition braucht, wer von **Embonas** aus den **Ataviros** erklimmen möchte. Lohn für die Mühe: eine fantastische Fernsicht › S. 105, 119.
- Auch für Ungeübte gut zu schaffen ist die Wanderung von der **Burg Monolithos** zum stillen **Kap Fourni**, wo man nicht nur im Meer baden kann, sondern auch auf spätantike Gräber stößt › S. 121.
- Ebenfalls eine wunderschöne Tour: Von **Simi** aus geht es zunächst zum **Kloster Roukouniotis**, anschließend auf den **Vigla**, wo man einen herrlichen Inselblick genießt › S. 130, 134.

an: www.rodosisland.gr/docs/walks_de.pdf. Recht gut ist auch der Wanderführer »Wandern auf Rhodos« von Dieter Döring, in dem 25 Touren beschrieben werden (ISBN-13: 978-3837058253).

Wichtig für jede Wanderung sind festes Schuhwerk, ausreichender Sonnenschutz, genügend Trinkwasser und eine gute Inselkarte (Tipp: »Road Editions Rhodes«, vor Ort erhältlich). Grundsätzlich sollte man sich nie allein auf den Weg machen.

Radfahren

Zwar ist Rhodos keine ausgesprochene Radfahrerinsel, doch der ruhige Südteil der Insel lädt zu genussvollem Radeln ein. Viele Geschäfte am Stadtrand von Rhodos und in den Touristenzentren an der Küste vermieten Räder. Nicht immer sind sie gut gepflegt und sollten deshalb geprüft werden, bevor man in den Sattel steigt.

Unterkunft

Das Angebot an Unterkünften auf Rhodos ist riesig und reicht vom Luxushotel bis zum kleinen Privatzimmer ohne eigenes Bad. Nur Campingplätze und Jugendherbergen wird man auf der Insel vergebens suchen. Die meisten Rhodosurlauber buchen eine Pauschalreise. Wer es individueller liebt, sollte dennoch in den Hauptreisemonaten Juli und August vorab eine Unterkunft reservieren. In der übrigen Zeit findet man leicht ein Hotel- oder Privatzimmer. Offiziell verfügt die Insel über 93 000 Betten, und jedes Jahr kommen neue hinzu. In der Nebensaison zahlt man mindestens 30 % weniger, kann bei Privatzimmern handeln oder bei der Buchung über das Internet ein Schnäppchen machen.

Trend All-inclusive

Enorm zugenommen hat die Zahl der Clubhotels mit All-inclusive-Service, die es vor allem in Ialisos, Faliraki, Kiotari und zunehmend auch in Kolimbia gibt. Wer ein All-inclusive-Hotel bucht, sollte bei aller Freude über die günstigen Preise bedenken, welche negativen Begleiterscheinungen dieser Trend mit sich bringt. Zahlreiche Tavernen und Läden in der Nähe von Hotelanlagen mussten bereits schließen, da die Kundschaft ausblieb. Für Restaurantbesitzer und Ladeninhaber, die so ihrer Einkommensquelle beraubt wurden, eine fatale Entwicklung. Aber auch Rhodos-Besucher bringen sich damit um eine bereichernde Erfahrung. Denn was wäre Griechenland ohne seine hübschen Tavernen? Sie gehören einfach zum Urlaub dazu. Erst dann ist wirklich alles inklusive!

Hotels

Die Bausünden der 1980er- und 1990er-Jahre lassen sich nicht wegdiskutieren. Riesige Hotelklötze verschandeln am Stadtrand von Rhodos-Stadt, in Faliraki und anderen Touristenzentren einst zauberhafte Küstenstriche. Ende Oktober, wenn die Saison unwiderruflich zu Ende geht, verwandeln sie sich in Geisterstädte. Man scheint aber aus den Fehlern der Vergangenheit gelernt zu haben: Wo in den letzten Jahren neue Hotels gebaut wurden, wie im Süden bei Kiotari, sind sie optisch in die Landschaft integriert und ähneln traditionellen Dörfern.

Die griechischen Hotels sind in Kategorien (Luxus, A, B, C, D und E) eingeteilt und werden von der EOT (Griechische Zentrale für Fremdenverkehr) klassifiziert. Dennoch kann es auch innerhalb einer Kategorie zu großen Abweichungen im Preis-Leistungs-Verhältnis kommen. Die diesem Band zugrunde liegenden Preiskategorien finden sich auf der hinteren Umschlagklappe.

Privatzimmer und Pensionen

Preiswerter, familiärer und nicht unbedingt schlechter wohnt man in Pensionen und Privatzimmern, erkennbar an dem Schild »Rooms to let« bzw. »Domatia«. Allerdings gibt es in Lage und Ausstattung beträchtliche Unterschiede. Deshalb lautet die Devise: erst anschauen, dann mieten!

Besonders stimmungsvoll sind die kleinen Hotels und Pensionen in der Altstadt von Rhodos. Für den oft eher bescheidenen Standard dieser Quartiere (z. T. nur Gemeinschaftsbad) sind die Zimmerpreise von 35–65 € allerdings recht hoch. Man achte auf die blau-weiße Plakette am Eingang. Sie zeigt an, dass das Hotel von der EOT empfohlen wird.

Echt gut!

Die stimmungsvollsten Hotels

- Mit einer Mischung aus orientalischem Flair und Ritterromantik bezaubert das **S. Nikolis** in der Altstadt von Rhodos › S. 71.
- Das **Avalon Boutique Hotel** in der Altstadt von Rhodos vereint auf gelungene Weise moderne mit historischen Stilelementen › S. 71.
- Ein 800 Jahre altes Haus an der Altstadtmauer von Rhodos beherbergt das atmosphärische Hotel **Cava d'Oro** mit nur 13 Zimmern › S. 71.
- Das ruhig und zugleich strandnah gelegene **Apartmenthaus Nostalgia** im Süden von Faliraki ist eine gute Wahl für Familien und alle, die ein wenig Ruhe suchen › S. 86.
- Nur drei Zimmer vermietet das **Lindian Mansion,** eine Villa aus dem 17. Jh. im Herzen von Lindos mit schattigem Innenhof und gewachsener Gartenanlage › S. 99.
- Fast schon alpenländisches Flair verbreitet das renovierte Hotel **Elafos** auf dem Profitis Ilias › S. 115.
- Das Hotel **Aliki** ist in einem ehemaligen Kapitänshaus am zauberhaften Hafen von Simi untergebracht, den man von der schönen Dachterrasse aus überblickt › S. 133.

CIGARETTES
KIOSK

Land & Leute

Steckbrief][Geschichte im Überblick][Natur und Umwelt][Die Menschen][Kunst und Kultur][Feste und Veranstaltungen][Essen und Trinken][Shopping

Steckbrief
Rhodos

Einwohner: 117 000, davon 54 000 in Rhodos-Stadt
Fläche: 1398 km² (viertgrößte griechische Insel)
Ausdehnung: von Nordosten nach Südwesten 78 km, von Osten nach Westen 38 km an der breitesten Stelle
Höchste Erhebungen: Ataviros (1215 m), Akramitis (825 m) und Profitis Ilias (798 m)

Küstenlinie: 220 km
Entfernung von der Türkei: 18–20 km
Hauptstadt: Rhodos-Stadt (zugleich Verwaltungshauptstadt der Provinz Dodekanes)
Religion: über 98 % griechisch-orthodoxe Christen, eine kleine muslimische und eine winzige jüdische Gemeinde
Landesvorwahl: 00 30
Währung: Euro
Zeitzone: MEZ plus 1 Std.

Lage

Rhodos ist die größte Insel des Dodekanes, einer Inselgruppe, die sich in der Südostägäis vor der türkischen Westküste erstreckt. Zu dem Archipel gehören allerdings nicht bloß zwölf (Dodekanissia = zwölf Inseln), sondern rund 200 Inseln und Inselchen, von denen aber nur 20 ständig bewohnt sind. An klaren Tagen kann man von der Nordspitze aus das türkische Festland erkennen.

Politik und Verwaltung

Seit dem Ende der Militärjunta und den freien Wahlen vom 17. November 1974 ist Griechenland eine parlamentarische Republik. Höchstes Staatsorgan ist der vom Parlament für fünf Jahre gewählte Staatspräsident. Das Parlament besteht aus 300 auf vier Jahre gewählten Abgeordneten. Aus den Parlamentswahlen im Oktober 2009 ging die linke PASOK als Sieger hervor, als Ministerpräsident amtiert seither Giorgos Papandreou.

Verwaltungshauptstadt des Dodekanes ist Rhodos-Stadt. Der Dodekanes ist einer der 52 griechischen Regierungsbezirke *(Nomoi)*, wobei zurzeit an einer Verwaltungsreform gearbeitet wird. Die griechischen Kommunen leiden wie der ganze Staat unter chronischem Geldmangel. Der aufgeblähte griechische Verwaltungsapparat arbeitet zudem sehr schwerfällig und steht in schlechtem Ruf. Da Beamte v. a. aufgrund von Beziehungen und wahltaktischen Überlegungen eingestellt werden, sind sie wenig motiviert und leistungsbereit, genießen aber viele Privilegien. »Besorg meinem Kind eine Beamtenstelle, und ich wähle dich«, ist in Griechenland noch immer Realität.

Wirtschaft

Die Haupteinnahmequelle der Rhodier ist der Tourismus, von dem über zwei Drittel der Bevölkerung abhängig sind. Rund 1,3 Mio. Besucher landen jedes Jahr auf Rhodos, davon ca. 350 000 aus Deutschland. Im Gegensatz zum Tourismus ist die Landwirtschaft seit Jahren rückläufig, obwohl das Klima und das von den Israelis übernommene Bewässerungssystem mehrere Ernten im Jahr zulassen. Eine Ausnahme bilden nur die traditionellen Säulen Weinbau und Olivenkulturen. Zu Ende geht auch die Zeit der Fischer: Das Meer um Rhodos ist heute extrem fischarm und Fisch entsprechend teuer.

Große Sorge bereitet den Griechen der drohende Staatsbankrott. Ob das 110-Milliarden-Euro-Rettungspaket, das von der EU und dem IWF aufgelegt wurde, den Staatsbankrott Griechenlands wird verhindern können, bleibt abzuwarten. Schrittweise soll das Geld in den kommenden drei Jahren an Griechenland gezahlt werden, gebunden an strenge Auflagen zur Konsolidierung der Staatsfinanzen.

Sprache

1830, gleich nach der Gründung des neuen griechischen Staates, spaltete sich das Neugriechische. Der konservativen Oberschicht war die Umgangssprache, die *Dimotiki*, zu gewöhnlich, und so wurde eine antikisierende, sich eng an das Altgriechische anlehnende Kunstsprache, die *Katharevousa*, geschaffen und als offizielle Staatssprache eingeführt. Sie musste von der Mehrheit der Bevölkerung wie eine Fremdsprache erlernt werden. Der lang andauernde Sprachendualismus wurde erst 1976 beendet; seither ist die Dimotiki Amtssprache. 1982 wurde die Dimotiki weiter vereinfacht, die verschiedenen Akzente entfielen. Verwendung findet jetzt nur noch ein Zeichen (´), das die Betonung des Wortes angibt. Gleich geblieben sind die Schriftzeichen. Da Orts- und Straßenschilder aber auch in lateinischen Buchstaben beschriftet sind, findet man sich gut zurecht.

Als Tourist wird man auf Rhodos mit der Verständigung keine Probleme haben, denn fast jeder kann Englisch; auch Deutschkenntnisse sind durch heimgekehrte Gastarbeiter inzwischen keine Seltenheit mehr.

Geschichte im Überblick

Um 2500 v. Chr. Karer und Phöniker besiedeln Rhodos.
15./14. Jh. v. Chr. Kretische Minoer gründen Handelsniederlassungen an der Westküste.
12. Jh. Laut Homer beteiligt sich Rhodos mit neun Schiffen am Trojanischen Krieg.
8. Jh. v. Chr. Um 1100 v. Chr. eingewanderte Dorer gründen die Stadtstaaten Lindos, Ialisos und Kamiros. Sie entwickeln sich zu einer starken Seemacht und schließen sich mit Kos, Knidos und Halikarnassos zur Hexapolis (= Sechsstadt) zusammen.
490–479 v. Chr. In den Perserkriegen kämpfen die Rhodier auf Seiten der Perser, schließen sich aber nach deren Niederlage 478 dem Delisch-Attischen Seebund unter der Führung Athens an.
408 v. Chr. Zusammenschluss (Synoikismos) der drei rhodischen Stadtstaaten und gemeinsame Gründung der neuen Hauptstadt Rhodos.
305–304 v. Chr. Der Makedonier Demetrios Poliorketes belagert die Stadt Rhodos trotz modernsten Kriegsgeräts vergeblich. Rhodos entwickelt sich zu einem Handelszentrum und einer bedeutenden Seemacht, bis 166 v. Chr. Rom Delos zum Freihafen erklärt. Chares von Lindos vollendet in zwölf Jahren (304–292 v. Chr.) den »Koloss von Rhodos«.
191 v. Chr. Als Verbündete Roms kämpft die rhodische Flotte gegen den Seleukiden Antiochos II. Sie besiegt die von Hannibal geführte syrische Flotte. Als Dank erhält Rhodos von Rom Besitzungen in Kleinasien.
171–168 v. Chr. Während des Dritten Makedonischen Krieges sympathisiert Rhodos mit dem Makedonierkönig Perseus. Nach der Niederlage der Makedonier muss Rhodos alle Besitzungen in Kleinasien zurückgeben.
1. Jh. v. Chr. Da die Rhodier sich weigern, Cassius im Kampf gegen Oktavian, den späteren Kaiser Augustus, zu unterstützen, überfällt und plündert dieser die Insel. Unter Augustus wird sie römische Provinz.
59 n. Chr. Paulus landet in Lindos und beginnt, die Insel zu christianisieren.
269 Die Goten plündern Rhodos.
395 Nach der Teilung des Römischen Reiches fällt Rhodos an Ostrom mit der Hauptstadt Konstantinopel (Byzanz). Während des Byzantinischen Reiches wird die Insel kurze Zeit von den Arabern beherrscht.
7./8. Jh. Sarazenen überfallen und plündern die Insel.
1082 Die Venezianer eröffnen auf Rhodos Handelsniederlassungen.
1096–1099 Erster Kreuzzug. Kreuzritter machen Rhodos zum Stützpunkt auf dem Weg ins Heilige Land.
1204 Nach der Eroberung Konstantinopels durch die Franken

(Vierter Kreuzzug) ernennt sich der byzantinische Gouverneur Leon Gavalas zum Herrscher über Rhodos.
1261 Rhodos gehört zwar nominell wieder zum Byzantinischen Reich, wird aber von Genuesen verwaltet, die es 1248 erobert hatten.
1309–1522 Johanniterherrschaft. 1480 wehren die Ritter unter Großmeister Pierre d'Aubusson eine Belagerung durch Sultan Mehmed I. ab. 1522 müssen sie sich nach einer erneuten Belagerung Süleyman dem Prächtigen ergeben.
1523–1912 Türkenherrschaft. Der 1821 beginnende Freiheitskampf der Griechen gegen die Türken hat auf Rhodos kaum Auswirkungen.
1911/12 Italienisch-türkischer Krieg. In der Folge stehen die Dodekanes-Inseln bis 1943 unter italienischer Herrschaft.
1943–1945 Nach Mussolinis Sturz besetzen deutsche Truppen Rhodos.
1945–1947 Britische Übergangsregierung. Im Pariser Friedensvertrag vom Februar 1947 tritt Italien Rhodos und den Dodekanes an Griechenland ab.
1967–1974 Militärdiktatur.
1975 Abschaffung der Monarchie durch Volksabstimmung.
1974–1981 In Griechenland regiert die konservative Nea Dimokratia.
1981 Bei den Parlamentswahlen erringt die Panhellistische Sozialistische Bewegung (PASOK) unter Andreas Papandreou den Sieg.

1522: Belagerung durch die Türken

Papandreou führt Griechenland in den 1980er-Jahren durch seine Politik der Wahlgeschenke in eine enorme Staatsverschuldung.
1996 Nach Papandreous Tod übernimmt Kostas Simitis (PASOK) das Amt des Ministerpräsidenten. Er setzt gegen viele Proteste und Widerstand der eigenen Partei Sparmaßnahmen zur Haushaltssanierung durch.
2000 Simitis gewinnt die Parlamentswahlen.
2002 Seit dem 1. Januar ist der Euro die Landeswährung.
2004 Kostas Karamanlis (ND) wird neuer Ministerpräsident.
2008 Ein verheerender Waldbrand vernichtet auf Rhodos eine Fläche von 10 000 ha.
2009 Aus den Parlamentswahlen geht Giorgos Papandreou (PASOK) als Sieger hervor.
2010 Das angesichts des drohenden Staatsbankrotts verkündete drastische Sparprogramm führt zu blutigen Krawallen in Athen.

Natur und Umwelt

Geologisch sind die Inseln der Südostägäis die Gipfel alter, im Meer versunkener Gebirgszüge; sie stellen die Verbindung der Dinarischen Alpen mit dem kleinasiatischen Taurusgebirge her. Die höchsten Erhebungen haben mit jeweils 1215 m die Inseln Rhodos und Karpathos. Ein Gebirgszug bildet das steinerne Rückgrat von Rhodos, an den Küsten dehnen sich weite, landwirtschaftlich genutzte Ebenen aus. Im Osten und Süden erstrecken sich kilometerlange Sandstrände, im Westen fällt die Küste steiler ab. Hier gibt es vorwiegend Kieselstrände.

Vegetation

Rhodos ist eine der grünsten Inseln Griechenlands. Ihren Waldreichtum hat sie den Aufforstungsbemühungen der Italiener zu verdanken, die die Insel 1911–1943 besetzt hielten. Die Fülle und Verschiedenartigkeit der Vegetation erklärt sich aus der südlichen Lage und dem sehr milden, mediterranen Klima. Hier finden nicht nur Pflanzen europäischen Ursprungs, sondern auch aus Asien und Nordafrika stammende Arten einen idealen Lebensraum.

Oleander in voller Blütenpracht

Auf Rhodos gibt es 27 endemische, d. h. nur hier vorkommende Pflanzenarten. Dazu gehören z. B. die weißlich-gelb blühende Rhodische Pfingstrose (Paeonia rhodia), die gelbblütige Schachblume (Fritillaria rhodia) und die Spiegelragwurz (Ophrys vernixia). In Kiefernwäldern, aber auch an Wegrändern ist eine Fülle von Orchideenarten zu Hause. An den Sandstränden wachsen der Gelbe Hornmohn und das Zwergedelweiß, an den Felsstränden die Strandpappel, die Steinimmortelle und der Hornklee. Hübsch und typisch für Rhodos ist der Erdbeerbaum (Arbutus unedo), ein weiß- oder rosablütiger Strauch, dessen Früchte äußerlich Erdbeeren ähneln.

Eine Seltenheit sind die nur im Tal der Schmetterlinge wachsenden Amberbäume (Liquidambar orientalis), die eigentlich in Asien beheimatet sind. In höheren Lagen besteht die Vegetation aus einer niedrigen Dornbuschsteppe, der Phrygana, die sich aus den unterschiedlichsten Pflanzen zusammensetzt: Kermeseichen, Kugeldisteln, Zistrosen, Ginster und einigen Irisarten. Überall auf Rhodos findet man Bougainvilleen, Oleander und Granatapfelbäume, aber kaum Rosengewächse, so dass es den Namen »Roseninsel« zumindest in botanischer Hinsicht eher zu Unrecht trägt.

Umweltschutz

Der Umweltschutz fristet in Griechenland noch immer ein Schattendasein; auch in der Bevölkerung ist »grünes« Denken nicht sehr verbreitet. Beim Neubau von Hotels sind seit einigen Jahren staatliche Auflagen zu beachten. In Rhodos-Stadt besteht sogar ein Baustopp – Ziel ist es unter anderem, den immensen Süßwasserverbrauch in den trockenen Sommermonaten zu senken. Anders lautenden Vorschriften zum Trotz leiten noch immer einige Hotels ihre Abwässer ungeklärt ins Meer. Weil es aber auf Rhodos kaum Industrie gibt, ist das Waser um die Insel im Vergleich zum westlichen Mittelmeer sehr sauber.

Dem Erhalt der Flora und Fauna widmet sich die 1994 gegründete Platoni-Gesellschaft. Sie will u. a. die gefährdeten Hirsche schützen, deren Bestand sich durch Waldbrände und Wilderer in den letzten Jahren drastisch verringert hat. Wem das Leid der Hunde, Katzen, Esel oder anderer Tiere auf Rhodos, die nach der Saison oft vergiftet, erschlagen oder einfach ausgesetzt werden, nicht gleichgültig ist, der kann aktiv helfen: durch Adoption, eine Patenschaft oder Geldspenden. Infos gibt es bei www.pfoetchenhilfe-rhodos.de und www.noahsarkrhodes.com.

Waldbrände

Ein großes Problem in ganz Griechenland und auch auf Rhodos sind die alljährlichen Waldbrände. Die verheerenden Feuer gehen nicht nur auf Fahrlässigkeiten wie das achtlos weggeworfene Streichholz oder Dosen und Glasflaschen zurück, die in der heißen Sonne wie Brenngläser wirken, sondern in vielen Fällen auch auf Brandstiftung von Grundstücksspekulanten und Eiferern, die auf diese Weise gegen die Ausweitung des Tourismus protestieren. Bei großer Hitze und Wind ist das Betreten der Wälder zwischen 21.30 und 5 Uhr verboten. Zudem wurde ein Schutzprogramm vorgestellt, das u. a. den Ausbau von Feuerwehrstationen vorsieht. Dass die bisherigen Maßnahmen nicht ausreichen, zeigten im Sommer 2007 schreckliche Waldbrände, die auf dem Peloponnes mehr als 60 Menschenleben forderten, die verheerende Feuersbrunst 2008 auf Rhodos und die Flammenkatastrophe 2009 nahe der griechischen Hauptstadt Athen.

Die Menschen

Die Rhodier gelten Fremden gegenüber als besonders aufgeschlossen, was in ihrer Geschichte begründet sein mag. Schon in der Antike begünstigte die vorteilhafte Lage von Rhodos – nahe an Kleinasien und an der Schiffsroute nach Ägypten – seinen Aufstieg zur Seemacht und wohlhabenden Handelsmetropole. Jahrhunderte später war die Insel wegen ihrer strategisch günstigen Lage von den Persern, Römern, Arabern, Johannitern und Türken hart umkämpft. All diese Völker und Kulturen haben ihre Spuren hinterlassen. Selbst heute noch ist Rhodos moderner und kosmopolitischer als andere griechische Inseln.

Religion

98 % der Griechen sind Mitglieder der autokephalen (»unabhängigen«) griechisch-orthodoxen (»rechtgläubigen«) Kirche. An ihrer Spitze steht der Erzbischof von Athen, der mit zwölf Bischöfen die Kirchenleitung (Heilige Synode) bildet. Die Kirche des Dodekanes nimmt jedoch eine Sonderstellung ein: Geistlich und verwaltungsmäßig untersteht sie direkt dem Ökumenischen Patriarchen von Konstantinopel in Istanbul, der Oberhaupt der ca. 300 Mio. orthodoxen Christen weltweit ist.

Tradition und Brauchtum sind eng mit der Religion und der griechisch-orthodoxen Kirche verknüpft, die sich seit dem Untergang Ostroms 1453 als Hüterin des Griechentums verstand. Ohne ihre Stärke und Integrationskraft hätten die Griechen die jahrhundertelange türkische Fremdherrschaft als Volk mit eigener Sprache, Kultur und Tradition nicht überlebt. (Die orthodoxe Kirche war nie verboten, da der Islam andere Religionen tolerierte.)

Die Religion ist auch heute für die meisten Griechen wichtig. In fast jeder Wohnung hängt eine Ikone. Auch Bus- und Taxifahrer scheinen sich unter der Obhut ihrer Heiligen sicherer zu fühlen. Die Windschutzscheiben ihrer Fahrzeuge sind mit bunten Heiligenbildchen beklebt.

In Rhodos-Stadt lebt noch eine türkische Minderheit von knapp 1000 Personen, allesamt griechische Staatsbürger. Das Zusammenleben mit den Griechen verläuft reibungslos – vielerorts in Griechenland ist das anders. Die Wunden der Besatzungszeit sind noch nicht überall verheilt, und der andauernde Konflikt mit der Türkei über die Grenzziehung in der Ägäis schürt auf Seiten der Griechen Ängste und Misstrauen. Seit die Türkei auf einen EU-Beitritt hinarbeitet, hat sich die Situation jedoch deutlich entspannt

Die ebenfalls in Rhodos-Stadt ansässige jüdische Gemeinde, die bis zu ihrer Deportation nach Auschwitz 1944 etwa 2000 Personen zählte, besteht heute nur noch aus sechs Familien › Exkurs S. 62.

Kunst und Kultur

Rhodos im Spiegel der Mythen

In seiner siebten olympischen Ode, in der er den siegreichen Faustkämpfer Diagoras › S. 107 aus Ialisos rühmt, erzählt Pindar, wie Zeus die antike Welt unter den Göttern aufteilte. Nur Helios, der mit seinem Sonnenwagen ausgezogen war, hatte er vergessen. Als der leer ausgegangene Sonnengott von seiner Tagesreise zurückkehrte, wollte Zeus von Neuem mit der Verteilung beginnen. Helios aber hatte gerade eine besonders schöne Insel aus dem Meer emporsteigen sehen – sie erbat er sich als Geschenk, und Zeus stimmte nur allzu gerne zu, um sein Unrecht wieder gutzumachen. Helios heiratete dann die Nymphe Rhoda, deren Vater Poseidon war, und zeugte mit ihr acht Kinder. Seine drei Enkel waren die Gründer und Namensgeber der dorischen Städte Lindos, Ialisos und Kamiros. Helios (griech.: Sonne) wurde nur auf Rhodos kultisch verehrt. Im übrigen Griechenland war er nahezu unbekannt.

Andere Schriftsteller, als erster Diodoros (80–29 v. Chr.), nennen als Ureinwohner von Rhodos die Telchinen, zauberkundige Meeresdämonen, die mit der Schifffahrt begonnen und mit fernen Ländern Handel getrieben haben sollen. Sie waren der Sage nach die Erzieher des jungen Poseidon. Dieser heiratete Halia, eine Schwester der Telchinen, die ihm sechs Söhne und eine Tochter gebar; die Tochter hieß Rhoda. Mit ihr vermählte sich Helios. Hier schließt sich der Kreis zur ersten Legende.

Helios, der Schutzgott von Rhodos, mit seinem Viergespann

An anderer Stelle in der siebten Ode berichtet Pindar, dass die Rhodier die Ersten waren, die Zeus Tochter Athene, vermutlich in Lindos, ein Heiligtum errichteten und ihr ein Opfer darbrachten. In der Eile vergaßen sie jedoch das Feuer. Aber weder Zeus noch Athene zürnten ihnen, denn in der Grotte unterhalb der Akropolis hatten die Lindier bereits die vorgriechische Gottheit Lindia mit feuerlosen Weiheopfern verehrt. Später wurde Lindia mit Athene gleichgesetzt.

Die Bedeutung des Namens Rhodos gibt immer noch Rätsel auf. Manche führen ihn auf die Nymphe Rhoda zurück, die Rhodos mit so vielen Quellen segnete wie keine andere Insel, andere auf die rosenähnliche Blüte auf den Münzen der Stadt Rhodos. Die Abbildung stellt allerdings keine Rose dar, sondern eine Hibiskusblüte. Möglicherweise stammt der Name auch von dem phönikischen Wort »rod« für Schlangen, die die Insel im Altertum heimgesucht haben sollen. In ihrer Not befragten die Rhodier das Orakel von Delphi. Es riet ihnen, die Schlangenplage durch Hirsche und Hirschkühe beseitigen zu lassen. Tausende dieser Tiere wurden aus Kleinasien geholt. Hirsch und Hirschkuh thronen bis heute als Wahrzeichen von Rhodos über der Hafeneinfahrt.

Frühgeschichte

Auf Rhodos wurden schon früh Grabungen durchgeführt – den Anfang machten 1860 Salzmann und Biliotti, ihre Arbeit setzten zu Beginn des 20. Jhs. dänische und italienische Archäologen fort. Dabei entdeckte man aber nur wenige Zeugnisse aus der Frühgeschichte der Insel: Neben Bronze- und Goldschmiedearbeiten vor allem Keramiken aus der minoischen und mykenischen Zeit (2. Jt. v. Chr): Vasen, Henkelkannen und Teller. Fundorte waren die Nekropolen von Ialisos, Kamiros und Lindos. Weitere Fundgruppen bilden Keramiken im geometrischen (900–700 v. Chr.) und im orientalisierenden Stil (700–550 v. Chr.).

Antike

Ende des 5. Jhs. v. Chr. schlossen sich die drei rhodischen Stadtstaaten, Lindos, Kamiros und Ialisos, zusammen, um 408 v. Chr. eine moderne Stadt an der Nordspitze der Insel zu gründen. Vorbild für die Planung war das rechtwinklige Straßensystem von Piräus. Bald schon entwickelte sich Rhodos-Stadt dank seines großen und sicheren Hafens zur blühenden Handelsmetropole. Es entstanden zahlreiche neue Gebäude, darunter der Helios-Tempel. Er stand vermutlich an der Stelle des heutigen Großmeisterpalastes.

Im Hellenismus (330–50 v. Chr.) konnte sich die durch den mächtigen neuen Handelshafen gestärkte Insel ihren Status als Freistaat erhalten. Der Reichtum von Rhodos brachte auch Kunst und Wissenschaft zur glanzvollen Blüte. Neben Alexandria war Rhodos das kulturelle (und wirtschaftliche) Zentrum der damaligen Welt. Eine rege Bautätigkeit setzte ein: In Rhodos-Stadt entstanden das Stadion, das Odeion, der Aphroditetempel und der Apollontempel auf der Akropolis, in Lindos der Tempel der Athena Lindia. Der bekannteste rhodische Maler dieser Zeit war Protogenes (um 330–300 v. Chr.) – leider blieb kein einziges seiner als überaus realistisch beschriebenen Gemälde erhalten.

Die Bildhauerschule von Rhodos

Überregionale Bedeutung erlangte das rhodische Kunstschaffen im Bereich der Skulptur: Im 4. und 3. Jh. v. Chr. entwickelte sich auf der Insel eine berühmte Bildhauerschule, deren Werke ein antiker Exportschlager waren. Sie zog Künstler aus ganz Griechenland an, brachte aber auch selbst große Bildhauer hervor: Das bekannteste Werk aus dem 3. Jh. ist wohl die Heliosstatue des Chares von Lindos, der »Koloss von Rhodos« › Exkurs unten. Von einem rhodischen Künstler, Pythokritos, dürfte auch die Nike von Samothrake (190 v. Chr.) stammen, die heute im Pariser Louvre ausgestellt ist. Zwei weitere berühmte rhodische Bildwerke befinden sich in Neapel (Museo Nazionale) bzw. in Rom (Vatikanische Museen): der Farnesische Stier und die Laokoongruppe, von der

Der Koloss von Rhodos

Im Jahr 305 v. Chr. hatten die Rhodier Grund zum Jubeln. Demetrios Poliorketes, der »Städtezerstörer«, hatte die Stadt acht Monate lang erfolglos belagert. Daraufhin beschlossen die Rhodier, Helios, den Schutzgott der Insel, durch eine Statue zu ehren. Den Auftrag übertrugen sie Chares von Lindos, einem Schüler des Lysippos, der in der Technik des Bronzehohlgusses erfahren war. Chares brauchte zwölf Jahre (304–292 v. Chr.), um die 32 m hohe Bronzestatue – eines der sieben Weltwunder – fertigzustellen. Das Kunstwerk wurde nicht nur zum Symbol der wirtschaftlichen und politischen Macht von Rhodos, sondern auch zum Sinnbild der Freiheit. Allerdings stand es nur 65 Jahre lang. Bei einem Erdbeben wurde die Heliosstatue 227 v. Chr. zerstört und nicht wieder aufgebaut – das delphische Orakel hatte davon abgeraten. Die Araber, die Rhodos 653 eroberten, verkauften die Bruchstücke schließlich nach Syrien.

So detailliert die Informationen über die Entstehung der Statue sind, so wenig ist über ihr konkretes Aussehen bekannt. Kein antiker Autor hat sie je beschrieben. Alle überlieferten Rekonstruktionszeichnungen entsprangen der Fantasie, auch das so populäre Bild von dem breitbeinig über der Hafeneinfahrt stehenden Koloss, unter dem die Schiffe hindurchfahren. Inzwischen glaubt man zu wissen, dass er in der Nähe des Heliostempels stand, der sich wohl beim Großmeisterpalast befand. Immer wieder gab es Bestrebungen, das antike Weltwunder wiederauferstehen zu lassen. Einer der jüngsten Pläne sah vor, den Koloss als Hologramm aus Laserstrahlen auf das neue Kongresszentrum in Rhodos-Stadt zu projizieren. Aber auch dieses Projekt wurde nicht umgesetzt.

eine Kopie im Großmeisterpalast in Rhodos-Stadt zu sehen ist. Das 1506 auf dem Esquilin in Rom im Beisein von Michelangelo gefundene Standbild wurde als eine Arbeit der rhodischen Bildhauer Athanadoros, Agesandros und Polydoros identifiziert. Zwei herausragende späthellenistische Werke sind im Archäologischen Museum von Rhodos-Stadt zu finden: ein marmorner Helioskopf (um 150 v. Chr.; › S. 54) und die zierliche »Kauernde Aphrodite« (um 100 v. Chr.; › S. 54).

Römischer Kunstraub

Nachdem Rhodos römische Provinz geworden war (50 v. Chr.–395 n. Chr.), ging es mit der rhodischen Wirtschaft bergab, was schwerwiegende Folgen für die Kunst hatte: Nur noch wenige bedeutende Werke der Architektur wie der Kaiser-Tempel in Lindos entstanden. Es sank auch der Stern der berühmten rhodischen Kunstwerkstätten, in denen einst 144 Bildhauer tätig gewesen waren. Von den mehr als 3000 in der Stadt Rhodos aufgestellten Standbildern wurden die besten verschleppt. 42 v. Chr. ließ Cassius, der in der berühmten rhodischen Rednerschule › Exkurs S. 77 studiert hatte, die meisten Kunstwerke in seine Heimatstadt Rom bringen. Der größte Teil ist heute verschollen; einige, z. B. eine kaiserzeitliche Kopie des Farnesischen Stiers und die Laokoongruppe › S. 35, 57 wurden wiedergefunden.

Byzantinische Epoche

Erst im 5. und 6. Jh. erlebte Rhodos eine neue Blüte. Der Handel mit auf der Insel hergestellten Seidenstoffen florierte. Damit die neue christliche Staatsreligion des Byzantinischen Reiches ausgeübt werden konnte, entstanden viele Basiliken mit herrlichen Fresken.

Schöne Fresken schmücken die Kirche Kimisis Theotokou in Asklipio

Die älteste byzantinische Kirche auf Rhodos ist Agios Georgios Chostos in Lindos › S. 97, erbaut in der ungewöhnlichen Form der Kuppelhalle. Die aus nur einem Raum bestehende Chostos-Kirche ist mit seltenen Fresken aus der Zeit des Ikonoklasmus (8./9. Jh.), des rund 80 Jahre dauernden Bilderstreits, ausgemalt.

Mitte des 9. Jhs. setzten sich die Ikonenverehrer durch, und es entwickelte sich ein Schema für die Ausmalung von Kirchen. Dieses legte nicht nur die Verteilung der Themen im Kirchenraum fest – in der Kuppel z. B erscheint stets

Christus Pantokrator als Himmelsfürst –, sondern unterwarf auch Komposition, Form und Farbgebung einer strengen Typisierung. Nicht das Einmalige und Besondere, sondern der unveränderliche und wesenhafte Charakter des Dargestellten sollte hervorgehoben werden.

Herrschaft der Johanniter

Die Johanniter – sie herrschten von 1309 bis 1522 auf Rhodos – legten gleich nach ihrer Ankunft auf der Insel neue Festungen an den strategisch wichtigen Punkten an, um sich vor den Türken und den Piraten, die die östliche Ägäis unsicher machten, zu schützen. Die bereits vorhandenen byzantinischen Befestigungsanlagen von Lindos und Rhodos-Stadt bauten sie so aus, wie sie heute noch bestehen.

Die einheimischen Baumeister näherten den spätgotischen Stil der Ritterbauten der traditionellen Inselarchitektur an, sodass eine reizvolle Mischung aus byzantinisch-ägäischen und spätgotischen Stilelementen entstand – zu bewundern in der Ritterstraße in Rhodos-Stadt.

Türkenzeit

In der langen Zeit der Türkenherrschaft (1523–1912) veränderte sich das Bild der Inselhauptstadt entscheidend. Die Osmanen bauten die Herbergen der Ritter für ihre Bedürfnisse aus und wandelten fast alle byzantinischen Kirchen in Moscheen um. Minarette und Halbmonde, mit denen die Türken ihre Kuppeln schmückten, prägen noch heute die Altstadt. Neu errichtet wurden die Türkische Bibliothek (1794), das türkische Badehaus (18. Jh.) und mehrere Moscheen. Die bedeutendsten sind die Sultan-Süleyman-Moschee (1523–1542; › S. 58) und die Redjeb-Pascha-Moschee (1588; › S. 60). Auf türkische Bautraditionen gehen auch die straßenseitig vergitterten Erker einiger Häuser zurück.

20. Jahrhundert

Die Italiener, die die Insel von 1912 bis 1943 besetzten, nahmen viele gemeinnützige Projekte wie den Bau neuer Straßen in Angriff; sie schufen Anlagen für den Fremdenverkehr, darunter das orientalisch anmutende Thermalbad von Kalithea › S. 84, und renovierten historisches Baugut. Vor allem aber gruben sie systematisch die antiken Stätten aus und bauten die Ritterstadt nach alten Stichen wieder auf, ohne sich allerdings allzu genau an die alten Vorlagen zu halten.

Freien Lauf ließen die Italiener ihrer Baulust in der Neustadt, wo sie viele Gebäude in einem Stilgemisch aus maurischen, gotischen und venezianischen Elementen errichteten. Diese verspielten Bauten wurden im touristischen Baurausch seit den 1960er-Jahren jedoch vielfach zerstört oder durch gesichtslose Betonkästen erdrückt. Erst seit einigen Jahren besinnt man sich auf das Erbe, sodass viele Italiener-Villen heute wieder renoviert sind und oft als Bars oder Restaurants dienen.

Special

Sommerfestival in Rhodos-Stadt

Sind die modernen Hellenen nichts als eine Nation Teller werfender Folkloretänzer, wie Spötter behaupten? Ist Griechenland seit der Antike kulturelles Ödland? Von wegen! Die hochbegabten Musiker, die Hellas im 20. Jh. hervorgebracht hat, die klassischen Orchester und Chöre, die innovativen Ballett- und Theatergruppen sowie die Filmregisseure, die auch im internationalen Vergleich nicht schlecht dastehen, künden von einem ausgesprochen regen Kulturschaffen.

Zwar ist es natürlich so, dass sich der Kulturbetrieb vor allem in den Großstädten wie Athen oder Thessaloniki konzentriert. Doch in den Sommermonaten, wenn im ganzen Land die Kulturfestivals starten, zieht es die Stars und Sternchen auch hinaus in die »Provinz«. Beispielsweise nach Rhodos, dessen Sommerfestival kulturelle Höhepunkte bietet, die man besser nicht versäumt ...

Stars und Newcomer

Denn die rhodischen Kulturmanager verstehen es ganz meisterhaft, ein exzellentes, vielfältiges Programm auf die Beine zu stellen und dazu bekannte oder noch nicht so bekannte Künstler auch aus dem Ausland zu gewinnen. So haben schon der (kosmo)politische Sänger Georgios Dalaras mit seiner großartigen Stimme, Maria Farantouri und das Orchester von

Mikis Theodorakis auf Rhodos Konzerte gegeben. Schade nur, dass das offizielle Programm immer erst im späten Frühjahr bekannt gegeben wird!

- Über das aktuelle Programm informiert die Webseite www.rhodes.gr.
- Jeweils Anfang Juni erscheint die Broschüre »**Rhodos. Summer Cultural Events**«, die bei der EOT erhältlich ist und die auch in vielen Hotels, Restaurants und Cafés ausliegt.

Events vor zauberhafter Kulisse

Dass Rhodos-Stadt dabei eine zauberhafte Kulisse für die verschiedensten Veranstaltungen abgibt, lässt sich unschwer erahnen. Da ist es schon fast bedauerlich, wenn man an einem lauen Sommerabend »hinein muss« – etwa ins ehrwürdige Nationaltheater in der Neustadt › S. 70 zu einer Opern-, Ballett- oder Theateraufführung. Von besonderer Atmosphäre sind auch Aufführungen im Castello, dem Großmeisterpalast, und in den verschiedenen Gotteshäusern, die einen würdigen Rahmen für klassische Konzerte abgeben.

Und doch geht nichts über Openair! Ein Erlebnis ist z. B. eine Freiluft-Aufführung des **Melina-Mercouri-Theaters** (Medieval Moat Theatre), dessen Name an die verstorbene Schauspielerin und Kulturministerin erinnert. Ein Großteil des jährlichen Programms findet am Burggraben statt. Noch einen Tick romantischer ist die Atmosphäre bei klassischen Konzerten vor der halbverfallenen Kirche **Panagia tou Bourgou** › S. 63 im jüdischen Viertel der Altstadt. Oder im rekonstruierten Stadion auf dem **Monte Smith** › S. 76, dort, wo sich einst die antike Akropolis befand. Hier liegt einem dann gleich ganz Rhodos-Stadt zu Füßen.

Weitere Veranstaltungsorte

Doch längst ist das Festival über Rhodos-Stadt »hinausgewachsen«: So werden auch die zauberhaften Thermen von Kalithea › S. 84, die antiken Ausgrabungen von Kamiros › S. 113 oder das Weindorf Embonas › S. 118 zur Bühne für unterschiedliche Events. Und auch andere Orte organisieren einen Kultursommer mit Musikveranstaltungen, Tanz, Theateraufführungen und Literatur. Bekannt ist z. B. das jährlich im August stattfindende Kulturfestival von Ialisos, die sogenannte »Ialisia«.

Ob es sich nun um Violinenkonzerte oder Gitarrensolos handelt – die Veranstaltungen führen ganz nebenbei das Klischee ad absurdum, dass Griechenland nichts anderes zu bieten hat als Sirtaki – auch wenn gegen diesen wahrlich nichts einzuwenden ist.

- Welche kulturellen Highlights im Sommer im Süden von Rhodos zu erwarten sind, erfährt man auf der Internetseite **www.southrhodes.gr.**
- Infos zum Kulturfestival von Ialisos findet man unter der Webadresse **www.ialysos.gr.**

Feste und Veranstaltungen

Feste gehören zum griechischen Leben wie Essen und Trinken. Sie sind nicht nur ein natürlicher Ausdruck der Lebensfreude, sondern auch der Zusammengehörigkeit im Familien- oder Dorfverband. In jedem Dorf findet mindestens einmal jährlich ein Kirchweihfest *(panagiri)* zum Namenstag des Lokalheiligen statt. Die Feierlichkeiten beginnen gewöhnlich schon am Vortag oder -abend mit Musik, Tanz und gutem Essen; am eigentlichen Festtag werden Gottesdienste abgehalten, und gelegentlich zieht auch eine Prozession durch den Ort.

Orthodoxes Osterfest

Das wichtigste Fest ist das Osterfest. Die Griechen verbringen es gewöhnlich in der Familie. Schon Tage vor den Festlichkeiten sind alle Flüge ausgebucht, die Züge und Busse überfüllt, weil alle aufs Land in ihr Heimatdorf reisen. Am Gründonnerstag finden mehrstündige prächtige Gottesdienste in der mit Palmen- und Lorbeerzweigen geschmückten Kirche statt. Jetzt werden auch die hart gekochten Eier rot gefärbt – in Erinnerung an das Blut Christi. Feierlich ernst ist der Karfreitag. Am Abend wird bei der Prozession eine Christusfigur in einem blumengeschmückten Sarg, dem symbolischen Grab Christi *(epitafios)*, durch den Ort getragen. Samstagabend ist es dann so weit: Man versammelt sich zur Mitternachtsmesse und wartet auf die Auferstehung Christi. Um Mitternacht verkündet der Papas (Priester) unter Glockengeläut »*Christos anesti*« – Christus ist auferstanden. »*Lithos anesti*« – Er ist wahrhaftig auferstanden – jubelt die Gemeinde. Im flackernden Lichtermeer von Osterkerzen und Feuerwerk pilgert man nach Hause. Nach dem üppigen Ostermahl am Sonntag – traditionell Ostersuppe *majiritsa* und Lamm am Spieß – wird getanzt und gesungen, ein fröhliches Volksfest, zu dem auch Touristen herzlich willkommen sind.

Die rote Farbe der Ostereier soll an das Blutopfer Christi erinnern

Übrigens fällt das orthodoxe Osterfest nur selten mit dem unseren zusammen, es kann bis zu vier Wochen später liegen. Orthodoxer Ostertermin für 2011 ist der 24. April, für 2012 der 15. April, für 2013 der 5. Mai.

Festkalender

März: Rosenmontag (*kathara deftera,* d. h. »sauberer Montag«), 40 Tage vor Ostern; besonders schöne Karnevalsumzüge in Afandou, Archangelos, Kremasti.
April: 22./23. April **Fest des hl. Georg** (Agios Georgios) in allen dem Heiligen geweihten Kirchen, z. B. in Kritinia.
Mai: 20./21. Mai **Fest des Erzengels Michael** im Kloster Thari; in der letzten Maiwoche **Blumenfest** in Rhodos-Stadt; Ende Mai **Mittelalter-Festival** »Medieval Rose« in Rhodos-Stadt mit Gauklern, Märkten und Umzügen.
Juni: 28./29. Juni **Fest der hl. Peter und Paul** in Lindos.
Juli: 19./20. Juli **Fest des Propheten Elias** auf dem Berg Profitis Ilias; 26./27. Juli **Fest des Agios Panteleimon** in Siana; 30. Juli **Fest des Agios Soulas** bei Soroni, großes Volksfest.
August: 5./6. August **Verklärung Christi** *(metamorfosis)* bei Maritsa; 15. August **Fest der Panagia** (Mariä Entschlafung) in Kremasti; es dauert vom 14. bis 23. August und ist ein großes Volks- und Trachtenfest. Ende August/Anfang September **Weinfest** in Embonas.
September: 7./8. September **Fest zu Mariä Geburt** im Tsambika-Kloster.
Oktober: 17./18. Oktober **Fest des Agios Loukas** in Afandou.
November: 14. November **Fest des Agios Konstantinos** mit Prozession in Rhodos-Stadt

Essen und Trinken

Die griechische Küche kennt doch jeder, mag man denken. Doch tatsächlich kommt in Griechenland sehr viel mehr auf den Tisch, als man vom »Griechen« daheim so kennt. Auf dem Dodekanes spielen zudem traditionelle türkische Einflüsse eine Rolle.

Dort, wo diese Lokalküche unverfälscht auf den Tisch kommt, ist sie hervorragend, besticht sie durch ausgeklügelte Gewürzkompositionen und Variantenreichtum. Wo man hingegen meint, sie »verfeinern«, d. h. dem westeuropäischen Geschmack angleichen zu müssen, enttäuscht sie oft. Das trifft auf die meisten Hotelküchen zu, die ganze Urlauberscharen verköstigen müssen, aber auch auf die besseren und selbst auf manche Spitzenrestaurants, die internationale Küche anpreisen. Daher gilt: Nicht die teuersten Restaurants sind auf Rhodos die besten, schon gar nicht achte man auf äußere Details wie schön gedeckte Tische. In Tavernen isst man meist besser. Das Wort *taverna* bezeichnet in Griechenland eher bodenständige Lokale mit einem begrenzten Angebot an Fisch- und Grillgerichten, im Unterschied zu den förmlicheren *estiatorios* mit umfangreicher, auch internationaler Speisekarte.

Griechische Esskultur

Griechen kennen keine Menüabfolge. In traditionellen Lokalen werden alle bestellten Gerichte gleichzeitig serviert: Salate, mehrere kalte und warme Vorspeisen, die Hauptgerichte, viele Schälchen und Tellerchen mit den unterschiedlichsten Köstlichkeiten häufen sich auf dem Tisch. Alle Speisen sind maximal lauwarm, denn Griechen essen nicht gern heiß – da kann sich der Geschmack nicht entfalten. Für die Griechen ist das Essen nicht in erster Linie Nahrungsaufnahme, sondern geselliges Beisammensein. Das Gespräch ist genauso wichtig wie die Speisen.

In den Touristenlokalen sind heute freilich westeuropäische Zustände üblich. Die Speisen kommen nicht einzeln, sondern mit Beilagen auf den Tisch. Und meist sind sie aus der Mikrowelle und so heiß, dass man sich die Finger verbrennt.

Echt gut!

Die urigsten Tavernen

- In der **Taverne Oasis** in Rhodos-Stadt sitzt man auf einem hübschen kleinen Platz unter schattigen Bäumen › S. 60.
- Einfach und typisch griechisch: Neben dem urigen **Pigi Fassouli** am Dorfplatz von Psinthos plätschert leise ein Brunnen › S. 87.
- Vom Panorama-Restaurant **Tsambika Psili** beim Tsambika-Kloster genießt man nicht nur bei Sonnenuntergang einen fantastischen Blick aufs Meer › S. 90.
- Auch bei den Einheimischen ausgesprochen beliebt: die **Taverne Hellas** im Ortszentrum von Archangelos mit leckeren Tagesgerichten › S. 90.
- Fangfrisches aus dem Meer schmeckt nirgendwo besser als in den **Tavernen in Kamiros Skala** › S. 118.
- In der Taverne **O Platanos** im Herzen von Lachania sitzt man lauschig unter einer großen Platane › S. 126.
- Seit Jahrzehnten ein Insider-Treff auf Simi ist das **Giorgos** in Chorio. Hier schaut man noch vor der Bestellung in die Töpfe › S. 134.

Vorspeisen

Ein Ruhmesblatt der griechischen Küche sind die Vorspeisen *(mezedes)*. Ihre Auswahl ist so groß, dass sie eine komplette Mahlzeit ersetzen können. Zu den Klassikern zählen *taramosalata* (Fischrogenmus), *melitsanosalata* (Auberginensalat), *skordalia* (Knoblauch-Kartoffelpüree), *dolmadakia* (gefüllte Weinblätter), *gigantes* (weiße Bohnen in Tomatensud) und *kolokithokeftedes* (Zucchinipuffer). Lecker sind auch die Meeresfrüchte wie *ochtapodi* (eingelegte Krake) oder *kalamarakia* (panierte oder gebratene Tintenfischringe).

Hauptspeisen

Fisch ist recht teuer, denn die Ägäis ist so gut wie leergefischt. Meist wird er gegrillt, wohldosiert mit frischen Kräutern bestreut und mit Zitronensaft beträufelt. Am zartesten schmecken Rotbarbe und Meerbrasse.

Unübertroffen sind die Köche auch in der Zubereitung von Lammfleisch, das mit verschiedenen Gemüsen im Ofen geschmort wird. Auf Rhodos nimmt man heute meist Schweine- und Kalbfleisch, z. B. für das *bekri meze,* leicht feurig gewürztes Schmorfleisch – eine Spezialität des Dodekanes. Preiswert und lecker sind die würzigen Hackfleischgerichte wie *mousaka* (Auflauf mit Auberginen und Kartoffeln), gefüllte Tomaten, Auberginen und Weinblätter sowie *keftedes* (Hackfleischbällchen). Unbedingt probieren sollte man auch gegrillte Leber oder *stifado* (im Tontopf gegartes Rindfleisch mit Zwiebeln).

Desserts

Als Dessert isst man gewöhnlich Früchte der Saison, z. B. Feigen und Granatäpfel. Sollte man Appetit auf etwas Süßes haben, sucht man nach dem Essen eine Konditorei *(zacharoplastio)* auf, denn Kaffee und Kuchen servieren die Tavernen nicht. Das Gebäck ist meist sehr süß und kalorienreich, ob es sich nun um Torten und Cremetörtchen handelt oder um das aus Nüssen, Mandeln, Honig und Zimt bereitete Blätterteiggebäck, das in Öl ausgebacken wird und in Sirup schwimmt.

Getränke

Zum Essen trinkt man Wasser *(nero),* Mineralwasser *(soda),* Bier *(bira)* oder Wein *(krassi).* Bier gibt es in großer Auswahl, vielfach deutsche Sorten vom Fass. Der bekannteste Wein ist der sehr bekömmliche geharzte *retsina.* Es gibt aber genügend ungeharzte Weine, unter ihnen auch erlesene Spitzenweine › Exkurs unten. Der beliebteste Schnaps ist

Rhodischer Wein

Den griechischen Weinen haftet noch immer das »Retsina-Image« an – dabei gibt es mittlerweile eine große Auswahl erlesener Weine, die dabei sind, sich zu ernsthaften Konkurrenten italienischer und französischer Qualitätserzeugnisse zu entwickeln. Auf Rhodos gedeihen die besten Weine in Embonas › S. 118. In der Weinhauptstadt von Rhodos ist die Emery-Kellerei ansässig. Ihr milder Rotwein »Cava Emery« kann sich mit Burgunderweinen messen, nicht zu verachten ist zudem der »Zacosta«. Die weißen Spitzenweine von Emery heißen »Villaré« und »Rodofili«. Die Emery-Kellerei verarbeitet neben französischen Rebsorten die einheimischen Trauben Amorgiano (rot) und Arthiri (weiß). Die Arthiri-Traube reift normalerweise sehr süß. Nur hoch oben an den Hängen des Ataviros gedeihen Trauben, die sich zu trockenen Weinen ausbauen lassen.

Der größte Weinverarbeitungsbetrieb ist die Genossenschaft CAIR. Den Rest teilen sich Emery und einige kleine Kellereien. Von der jährlichen Produktion von CAIR wird ein Viertel ins Ausland exportiert. Zwei ihrer Weine gehören zur Spitzenklasse: der trockene Weißwein »Ilios« und der Rotwein »Chevalier de Rhodes«. Nicht zu verachten außerdem: der weiße »Oenofos« und der rote »Knight's Cellar« die jeweils nur in Mengen unter 100 hl produziert werden.

der nach Anis schmeckende *ouzo,* der mit Wasser vermischt als Aperitif gereicht wird. In den Bergdörfern, vor allem der Weinregion im Süden, wird auch ein klarer, *souma* genannter Tresterschnaps gebrannt.

Griechischer Kaffee

Der griechische Kaffee *(kafe elliniko)* wird in winzigen Tassen serviert – als *kafe sketo* (ohne Zucker), *metrio* (mittelsüß) oder *gliko* (süß). Das sehr fein gemahlene Kaffeepulver wird zusammen mit dem Zucker in einem speziellen Stielkännchen, dem *briki,* langsam aufgekocht. Leider bekommt man diesen traditionellen Kaffee, der mit Satz serviert wird, immer seltener. Man trinkt den Kaffee heiß, niemals mit Milch. Der schaumig geschlagene, eisgekühlte Nescafé, der *frappé,* wird vor allem an heißen Tagen gern getrunken. In den Touristenzentren bieten die Cafés auch Cappuccino, Latte Macchiato und Espresso an.

Das Kafenio

Das *kafenio,* das traditionsreiche griechische Kaffeehaus, stirbt allmählich aus. Besonders in den Städten, auch in Rhodos-Stadt, ist es weitgehend von Schnellimbissen, Pizzerien, Fastfood-Restaurants, Bars und Discos verdrängt worden. Auf dem Land, wo das Leben nach althergebrachten Regeln verläuft, bildet dieser klassische Männertreffpunkt meist noch den Mittelpunkt des öffentlichen Lebens. Dort wird politisiert und diskutiert, Zeitung gelesen und *tavli,* eine Art Backgammon, gespielt oder einfach Kaffee oder Ouzo getrunken. Doch auch in den Dörfern verschwindet das *kafenio* langsam aus dem Straßenbild – ein großer sozialer, politischer und kultureller Verlust.

Naturschwämme sind in Rhodos ein beliebtes Souvenir

Shopping

Überall auf Rhodos, im Basar von Rhodos-Stadt, der Odos Sokratous, v.a. aber an der Schnellstraße beim einstigen Töpferdorf Archangelos sieht man sie: Vasen, Becher, Schalen und die typischen rhodischen Teller. In leuchtend-bunten Farben werden sie bevorzugt mit Tieren, Blumen und Segelschiffen bemalt. Die Töpfertradition auf der Insel reicht weit zurück: Um 2000 v. Chr. sollen die Phöniker die Keramikkunst mitgebracht haben. In der Antike und auch später waren die Rhodier für ihre kunstvollen Tonwaren berühmt. Die Kuppel der Hagia Sophia in Konstantinopel etwa wurde aus rhodischen Ziegeln errichtet.

Auch handgefertigte Häkelarbeiten, Stickereien, Bettvorhänge und Teppiche, die in ihren Mustern einen starken türkischen Einfluss verraten, werden auf Rhodos überall angeboten. Preiswert sind Lederartikel, besonders Gürtel und Sandalen, die auf Rhodos hergestellt werden. In Rhodos-Stadt gibt es mehr als 100 Ledergeschäfte. Viel Geld kann man in den Schmuckgeschäften lassen, besonders in den Filialen der beiden Athener Nobeljuweliere Zolotas in der Neustadt und Ilias Lalaounis in der Altstadt › S. 73. Wer weniger Geld ausgeben möchte, findet in den Altstadtläden schöne weiße Tafeltücher mit Lochstickerei, Schnitzereien aus Olivenholz wie Kästchen und Döschen, beispielsweise in Form eines Fisches, oder farbenfreudige Webarbeiten. Beliebte Mitbringsel sind natürlich die flauschigen Naturschwämme, aber auch getrocknete Gewürze wie Thymian und Oregano, das sehr gute griechische Olivenöl, das es auch in Dosen gibt, und große schwarze Oliven in vorzüglicher Qualität.

Echt gut!

Die besten Shoppingadressen

- **Ilias Lalaounis** gilt als einer der besten Juweliere Griechenlands; er unterhält eine gut sortierte Filiale in Rhodos-Stadt › S. 73.
- Die größte Auswahl an CDs mit griechischer Musik hat das **Manuel Music Centre** in der Neustadt von Rhodos › S. 73.
- Qualitätvolle Reproduktionen antiker Kunstgegenstände gibt es bei **Casts & Reproductions** im Erdgeschoss der Gemäldegalerie in Rhodos-Stadt › S. 73.
- Keramik kauft man besonders gut im Töpferdorf Archangelos, z.B. bei **Dakas.** › S. 91
- Eine Spezialität von **Lindos** sind kunstvoll bestickte Tischdecken und Servietten › S. 96.
- »Sette Erbe« heißt der köstliche Kräuterlikör, den man am Kiosk auf dem Parkplatz vor dem **Kloster Filerimos** bekommt › S. 108.
- Erlesene Rot- und Weißweine kann man bei **Emery** in Embonas verkosten und erwerben › S. 118.

BEACH

Unterwegs auf Rhodos

Entdecken Sie die einzelnen Reiseregionen – jeweils mit den schönsten Touren, allem Sehens- und Erlebenswerten, Hotel-, Restaurant-, Nightlife- und Shoppingtipps

Rhodos-Stadt

Nicht verpassen!

- Vom traditionsreichen Kafenio Bekir Karakousou aus das Treiben auf der Odos Sokratous verfolgen
- Den zauberhaften Blick vom Uhrturm über Altstadt und Meer genießen
- Im historischen Hamam einen Eindruck von islamischer Badekultur gewinnen
- Bei Sonnenuntergang über die Windmühlen-Mole am Mandraki-Hafen schlendern

Karte Seite 64

Zur Orientierung

Die Inselhauptstadt (54 000 Einw.) hat zwei kontrastierende Gesichter: Da ist zum einen die von der Stadtmauer umgebene mittelalterliche Altstadt (UNESCO-Weltkulturerbe), die sich auf einer Seite zum Meer hin öffnet. Eine Mischung aus Ritterromantik, orientalischem Flair und griechischer Geschäftigkeit erfüllt die Sträßchen und engen Gassen, die im abendlichen Lichterschein besonders zauberhaft wirken. Der Spaziergang durch die Altstadt gleicht einer spannenden Zeitreise durch mehr als 2400 Jahre rhodischer Geschichte. Es gibt drei Viertel von ganz unterschiedlichem Gepräge: die Ritterstadt im Norden, das türkische Viertel im Süden und das kleine jüdische Viertel um die Kahal-Shalom-Synagoge. Pulsierende Schlagader des Ganzen ist die Odos Sokratous, die sich von der Platia Ippokratous bis zur Süleyman-Moschee erstreckt und ein Paradies für Souvenirjäger ist. Im Sommer quillt die Altstadt von Urlaubern über; die Passagiere der Kreuzfahrtschiffe durcheilen die Ritterstadt auf ihrem Tagesausflug. Bars, Kneipen und Freilufttavernen, Andenkenläden und fliegende Händler wetteifern um die Aufmerksamkeit der Besucher. Doch weniger als einen Steinwurf von den ausgetretenen Pfaden entfernt gibt es immer noch stille Ecken und lauschige kleine Tavernen, in denen man sich wie auf dem Dorf fühlt.

Modern und sehr westlich präsentiert sich dagegen die Neustadt, die sich vor den Toren der mittelalterlichen Stadt ausbreitet. Ein großer Teil ist Wohngebiet, der nördliche Bereich hat sich gänzlich dem Tourismus verschrieben: Zwischen großen, eher gesichtslosen Hotelanlagen findet man Bars, Kneipen, Diskotheken und Reisebüros. Die Hotels der Neustadt bucht man in der Regel pauschal, vor allem, wenn man Luxushotels mit Pool, all-inclusive und Büfettversorgung sucht. Doch auch in der Neustadt mangelt es nicht an Sehenswürdigkeiten: Vom Mandraki-Hafen mit seinen berühmten Windmühlen ist es nicht weit bis zum Türkischen Friedhof und zum Aquarium an der Nordspitze. Und nördlich des Hafens kann man am Elli-Strand sogar baden. Attraktive Ausflugsziele innerhalb der Stadt sind der Monte Smith, auf dem der Apollon-Tempel, die Reste eines Stadions und ein Amphitheater von der antiken Stadt erzählen. Und wer sich im Hochsommer nach einer erfrischenden Abkühlung sehnt, der kann den Rodini-Park durchstreifen, eine grüne, von einem Bächlein durchflossene Oase im Süden der Inselhauptstadt.

Der imposante Großmeisterpalast beherrscht die gesamte Altstadt

Touren in ***Rhodos-Stadt

Rundgang durch die ***Altstadt

– 4 – Freiheitstor › Aphrodite-Tempel › Städtische Kunstgalerie › Museum für dekorative Volkskunst › Panagia tou Kastrou › Archäologisches Museum › Ritterstraße › Großmeisterpalast › Platia Ippokratous › Odos Sokratous › Süleyman-Moschee › Türkische Bibliothek › Center of Contemporary Art › Agios Georgios › Mustafa-Pascha-Bad › Mustafa-Pascha-Moschee › Agios Fanourios › Redjeb-Pascha-Moschee › Demirli-Moschee › Agia Ekaterini › Residenz des Erzbischofs › Kahal-Shalom-Synagoge › Panagia tou Bourgou › Katharinen-Hospiz

Dauer: ca. 4 Std. reine Gehzeit, wer die Museen besucht, braucht entsprechend länger.
Praktische Hinweise: Einige der Museen sind montags geschlossen.

1 Die ***Ritterstadt

Von Weitem sichtbar thront der Großmeisterpalast mit seinen Zinnen, Türmen und mächtigen Mauern über der Altstadt von Rhodos. Im Mittelalter war die Stadt in zwei Bereiche getrennt: In der nördlichen Ritterstadt, dem »Collachium«, lebten die Johanniter, abgeschirmt von der einheimischen Bevölkerung, die in der »Chora«, der südlichen Handelsstadt, zu Hause war.

Der hervorragende Zustand der Ritterstadt rund um den Großmeisterpalast ist den italienischen Besatzern zu verdanken. Sie beauftragten 1920 den Architekten del Fausto, sie nach alten Plänen und Stichen so wieder aufzubauen, wie sie die Ritter 1523 verlassen hatten. Die Baulust der Italiener gipfelte in mancher Übertreibung. Kritisiert wurde vor allem der pompöse Großmeisterpalast, der im Inneren erheblich vom Originalbau abweicht. Die enormen Summen für die Rekonstruktion scheuten die Italiener wohl auch deshalb nicht, weil der Palast Mussolini und König Vittorio Emanuele III. als Ferienresidenz dienen sollte. Auch die Ritterstraße mit den Herbergen (Palästen) der einzelnen Landsmannschaften des Ordens wurde im ursprünglichen Stil wiederhergestellt. Diese Straße in ihrer harmonischen Geschlossenheit ist einzigartig in Europa.

Vom Freiheitstor zum Ordenshospital

Der Spaziergang durch die »Stadt in der Stadt« beginnt am **Freiheitstor** **1** *(Pili Eleftherias)*, das erst 1924 in die Stadtmauer gebrochen wurde, um die Einfahrt von der gerade erst geplanten

Karte Seite 64

Odos Socratous, die Haupteinkaufsstraße in Rhodos-Stadt

Neustadt in die Altstadt zu erleichtern. Durch das Tor gelangt man auf die Platia Simi, linker Hand öffnet sich das Arsenal-Tor zum Hafen. Die Fundamente des **Aphrodite-Tempels** 2 (3. Jh. v. Chr.) im Zentrum des Platzes legten die Italiener frei, zu Zeiten der Ordensritter befanden sich hier das Arsenal und die Werft. Weitere antike Überreste – Säulen, eine hellenistische Straße sowie ein Dionysos-Tempel (nicht zugänglich) – wurden nahe dem Großmeisterpalast freigelegt.

In einem typisch ritterzeitlichen Gebäude ist die **Städtische Kunstgalerie** 3 (Municipal Art Gallery, 1. Stock) untergebracht, eine Abteilung des Museums für Moderne Griechische Kunst, zu dem auch das Center of Contemporary Art › S. 58 und die Nestoridion Art Gallery › S. 71 gehören. Die Ausstellung gibt einen Überblick über die griechische Malerei des 20. Jhs. und zeigt Werke so bekannter Künstler wie Tsarouchis, Moralis und Theofilos, des Naiven von der Insel Lesbos (Mo–Fr 9–14 Uhr, abweichende Öffnungszeiten möglich, www.mgamuseum.gr, Eintritt 3 €). Gegenüber an der Platia Simi befand sich einst die Herberge der deutschen Ritter.

*Platia Argirokastrou

Direkt an die Platia Simi schließt sich dieser Platz an, der durch seine architektonische Geschlossenheit beeindruckt. In der Mitte steht ein frühchristliches Taufbecken mit einer Säule aus der Kirche Agia

Irini bei Apolakkia. An der Westseite erhebt sich die ***Herberge der Ritter der Auvergne,** die 1507 unter Großmeister Guy de Blanchefort vollendet wurde. Sein Wappen und die Jahreszahl sind über dem gotischen Bogenportal angebracht. Eine von Säulen getragene Loggia an der Straßenfront und die seitliche Freitreppe verleihen dem Gebäude die Eleganz eines venezianischen Palastes.

Rund 50 Jahre früher entstand das gegenüberliegende ***Alte Ordenshospital.** Weil man es nach dem Bau des neuen Hospitals als Zeughaus nutzte, ist es auch als »Palazzo dell'Armeria« bekannt. Im Südflügel zeigt das sehr sehenswerte ***Museum für dekorative Volkskunst** **4** *(Decorative Art Museum)* Möbel, Hausrat, Trachten und Handarbeiten von den Dodekanes-Inseln (Di–So 8.30 bis

Stadtgeschichte

Rhodos gilt als eine der wichtigsten Städtegründungen der Antike und war einst neben Alexandria und Pergamon ein Zentrum der hellenistischen Welt. Die Stadt entstand im Jahr 408 v. Chr. durch Zusammenschluss der drei antiken Orte der Insel, nämlich Ialisos, Kamiros und Lindos. Die neue Stadt besaß fünf (!) Häfen und war landseitig durch eine Wallmauer befestigt, die zwar beeindruckend hoch, aber mit nur 60 cm Dicke die bei Weitem dünnste Wallmauer der klassischen Zeit war. Auf die kulissenhafte Mauer fiel aber sogar der gefürchtete Städteeroberer und spätere makedonische König Demetrios Poliorketes herein, der Rhodos 305 v. Chr. belagerte, aber trotz modernsten Kriegsgeräts erfolglos blieb. Zum Dank dafür, der Niederlage entronnen zu sein, errichteten die Rhodier den »Koloss von Rhodos«, die bronzene Statue des Sonnengottes Helios, die bald zu den sieben Weltwundern zählte.

In den folgenden Jahrhunderten versuchte Rhodos, das ökonomisch als Drehscheibe des Handels mit dem Orient prosperierte, den Weg der Diplomatie zu gehen und schloss wechselnde Bündnisse. Mal stand es auf Seiten der Perser, mal der Athener, dann der Römer, bald der Makedonier und schließlich wieder auf Seiten Roms, bis sich die römische Weltherrschaft wie ein Netz über den ganzen Osten legte.

Von nun an war das Schicksal der Insel rund 2000 Jahre lang von fremden Eroberern bestimmt. Eine Blütezeit brach an, als die Johanniter 1309 auf der Insel landeten und Rhodos-Stadt zum Mittelpunkt ihres Seereiches machten. Sie errichteten eine der stärksten Festungen des europäischen Mittelalters. 1523 jedoch musste der Ritterorden nach einer viele Opfer fordernden Belagerung abziehen › Exkurs S. 57, als Teil des Osmanischen Weltreichs war Rhodos nun gänzlich von Europa abgeschnitten. 1912 endete die Osmanische Herrschaft auf Rhodos, 1923 wurde die Insel Italien zugesprochen, war 1943 deutscher Luftwaffenstützpunkt und gehört seit 1947 – nach einer britischen Interimsherrschaft – wieder zu Griechenland.

Das Archäologische Museum im ehemaligen Ordenshospital

Echt gut! 14.40 Uhr). Glanzstücke sind die Schnitzereien von Häusern auf Simi, genauere Betrachtung verdienen aber auch die große Keramiksammlung mit rhodischen, türkischen, italienischen und spanischen Stücken sowie die *Soupha*-Podeste, auf denen in traditionellen Häusern die Familie aß, arbeitete und schlief – das Wort »Sofa« ist davon abgeleitet.

Platia Mousiou

Durch eine Passage kommt man nun auf die Platia Mousiou. Links liegt die Kirche ***Panagia tou Kastrou** 5, die einstige byzantinische Bischofskirche *(Mitropolis)*, die die Ordensritter in eine spätgotische Kirche umwandelten. Heute sind hier Ikonen und Fresken aus byzantinischen Kirchen der ganzen Insel ausgestellt (Di–So 8.30–14.30 Uhr). Dahinter, auf der linken Seite des Platzes, schließt die 1483 erbaute Herberge der Engländer an.

*Neues Ordenshospital/ **Archäolog. Museum 6

Der Bau des **Neuen Ordenshospitals** auf der rechten Seite wurde 1440 unter Jean Bonpart de Lastic begonnen, wegen Geldmangels aber erst 1489 unter Pierre d'Aubusson vollendet. Den Eingang krönt ein Relief mit zwei Engeln, die das Wappen de Lastics tragen. Im Obergeschoss befindet sich der riesige zweischiffige Krankensaal – 50 m lang, über 12 m breit und 7 m hoch –, der bis zu 100 Betten aufnehmen konnte. Die wichtigste Aufgabe des Ritterordens war die Pflege kranker Pilger auf dem beschwerlichen Weg ins Heilige Land.

In dem dreiseitigen Erker über dem Portal stand ein Altar, an dem Messen für die Verstorbenen gelesen wurden. Eindrucksvoll ist auch der von zweigeschossigen Arkaden umschlossene Innenhof, von dem eine Freitreppe ins Obergeschoss führt. Echt gut!

Das Ordensspital beherbergt heute das **Archäologische Museum,** das Kunstwerke von der mykenischen bis zur späthellenistischen Epoche zeigt: Statuen und Grabstelen, Keramik (Vasen, Amphoren, Schalen und Kannen) sowie Schmuck, der vorwiegend aus den Nekropolen von Ialisos und Kamiros stammt, ferner eine Münzsammlung.

Die meisten Besucher zieht es zu den beiden **Aphroditen,** besonders zur sogenannten »Kauernden Aphrodite«, die inzwischen so berühmt ist, dass sie auch die »Rhodische« genannt wird. Die Schönheitsgöttin ist hier gänzlich entblößt und ihr Haar trocknend dargestellt. Vermutlich entstand die nur 49 cm hohe Figur um 100 v. Chr. Ihren Schöpfer kennt man nicht, das Vorbild aus dem 3. Jh. v. Chr., das in der Antike viel kopierte Bronzeoriginal des Bildhauers Doidalsas, ist verschwunden. Es war mehr als doppelt so groß wie das rhodische Marmorwerk.

Glanzstück im Archäologischen Museum: die »Kauernde Aphrodite«

Die andere Aphrodite, »Venus pudica«, die »Schamhafte«, wird so genannt, weil sie ihr Gewand noch nicht gänzlich fallengelassen hat. Die überlebensgroße Skulptur ist ein Meisterwerk aus dem 4. Jh. v. Chr., als die rhodische Bildhauerkunst ihren Höhepunkt erreicht hatte. Jahrhundertelang lag sie auf dem Meeresboden, bis Fischer sie 1929 bargen.

Eine weitere Attraktion ist der **Helios-Kopf** (um 150 v. Chr.). Dass es sich um einen Kopf des Sonnengottes handelt, beweisen die Bohrlöcher am Hinterkopf, die zur Befestigung des goldenen Strahlenkranzes bestimmt waren. Mit dem träumerisch-melancholischen Blick, dem leicht geöffneten Mund und dem lockigen, mittig gescheitelten Haar ähnelt er Alexander-Porträts der Zeit.

Ein Werk der rhodischen Hochklassik ist die in Kamiros gefundene **Grabstele der Krito und Timarista.** Das Ende des 5. Jhs. v. Chr. entstandene 2 m hohe Relief zeigt **eine bewegende Abschiedsszene zwischen Mutter und Tochter.** Die ganz in Trauer versunkene Krito legt ihre Hand auf die Schulter ihrer Mutter Timarista, die im Begriff ist, sich für immer von dieser Welt abzuwenden. Derselben Zeit gehören auch die beiden ausgestellten Kouroi (Jünglingsgestalten) an, die aus Paros und Naxos stammen.

Eine umfangreiche Vasen- und Kleinkunstsammlung befindet sich in den Räumen im Nord-, Süd- und Westtrakt, diverse Objekte aus der Ritterzeit sind im Großen Krankensaal ausgestellt (im Sommer Di–So 8–19.40, Mo 13.30–19.40 Uhr, Eintritt 3 €).

Wer jetzt noch Lust hat, der kann einen Blick in die kleine Ausstellung **Pytharia** **7** rechts neben dem Archäologischen Museum werfen. Hier werden Pythoi aus den unterschiedlichsten Epochen ausgestellt, große Vorratskrüge für Wein, Öl und Getreide, die später auch zur Beisetzung von Toten genutzt wurden (Di–So 8–18.40, Mo 13.20–18.40 Uhr, an manchen Tagen geschl.).

**Ritterstraße

Die kopfsteingepflasterte spätgotische Ritterstraße *(Odos Ippoton)* folgt dem Lauf der antiken Straße, die einst vom Hafen zum Helios-Tempel hinaufführte, der Stelle, an der heute der Großmeisterpalast steht. Zu beiden Seiten reihen sich Herbergen der »Zungen« (Landsmannschaften) und andere Ritterbauten aneinander. Welcher Zunge welches Haus gehörte, erkennt man an den Wappen, die an den schmucklosen, fast abweisend wirkenden Fassaden angebracht sind, die Bauzeit an den Jahreszahlen. Alle Gebäude entstanden im 14. bzw. 15. Jh. Heute sind in ihnen Konsulate und ar-

Bedeutendes historisches Erbe: die Ritterstraße

chäologische Forschungsinstitute untergebracht.

Der Spaziergang ist abends besonders reizvoll, denn **in der Dunkelheit erliegt man dem Zauber dieses Ortes,** glaubt sich um 500 Jahre zurückversetzt. Echt gut!

Das erste Eckhaus auf der rechten Seite, gegenüber dem neuen Ordenshospital, ist die ***Herberge der Italiener** **8**, die erst 1519 unter Baumeister Fabrizio del Carretto fertiggestellt wurde.

Das schönste Gebäude der Straße aber ist die ***Herberge der Franzosen** **9**, die das größte Kontingent der rhodischen Ritter stellten. Über dem Spitzbogenportal liest man die Jahreszahl 1492, daneben ist das Wappen von Emery d'Amboise abgebildet und zwischen den beiden mittleren Fenstern im Obergeschoss das Lilienwappen der Bourbonen.

Den Franzosen gehörte auch der elegante Bau in dem rechts abzweigenden Gässchen, der unter dem Namen **Zizim-Haus** in die Geschichte einging. Zizim (eigentlich Djem, türkisch Cem) war der Bruder Sultan Beyazits, der den Kampf um den Thron verloren hatte. Die Ordensritter gewährten ihm 1482 Asyl, lieb war ihnen die Anwesenheit Zizims allerdings nicht. Mit seinen schlechten Tischsitten konnten sich die Franzosen gerade noch abfinden, mit den möglichen politischen Konsequenzen jedoch nicht. Deshalb überredeten sie ihn, seine Sache von Europa aus zu verfechten. Dort freilich war es für Beyazit ein Leichtes, den brüderlichen Konkurrenten auf eine im Mittelalter nicht unübliche Weise aus dem Weg zu räumen: Er ließ Zizim vergiften.

Etwas weiter folgen die **Agia-Trias-Kapelle,** die vermutlich Großmeister Raymond Beranger im 14. Jh. für die französischen Ritter erbauen ließ, das **Haus des Kaplans,** die **Herberge der Spanier 10**, die **Herberge der Provenzalen 11** sowie die Loggia des hl. Johannes, von der nur noch einige Pfeilerreste erhalten sind. Hinter ihr stand einst die große **Ordenskirche der Johanniter** › S. 69, in der die Großmeister ihre letzte Ruhe fanden. Sie wurde 1856 völlig zerstört, als das dort untergebrachte Pulvermagazin der Türken explodierte.

**Großmeisterpalast 12

Den Palast, dessen imposanter Bau den Mandraki-Hafen und die gesamte Altstadt beherrscht, erbauten die Johanniter Mitte des 14. Jhs. als selbstständige Festung mit Verbindungswegen zu den Stadtwällen. Von außen verrät nichts, dass das heutige Gebäude eine Rekonstruktion ist. Unter

Im Großmeisterpalast sollte man auch die Fußbodenmosaike beachten

Cesare Mario de Vecchi, der damals Gouverneur des Dodekanes war, wurde der Palast 1940 fertiggestellt. Der Großmeisterpalast sollte Benito Mussolini als Sommerresidenz dienen, doch der Duce hat hier niemals gewohnt. Hatten die italienischen Architekten das Äußere nach alten Zeichnungen und Stichen noch originalgetreu wiederhergestellt, ließen sie beim Ausbau und der Einrichtung der Innenräume ihrer Fantasie freien Lauf. Sie erinnern in nichts mehr an die über 200-jährige Ritterregentschaft. Trotzdem lohnt sich ein Besuch des Kastells, schon allein wegen der **schönen römischen und frühchristlichen **Fußbodenmosaiken,** die im Obergeschoss zu sehen sind. Die Italiener brachten die Kunstwerke, aus denen die »Medusa« und die »Neun Musen« herausragen, eigens von der Nachbarinsel Kos nach Rhodos. Ein eigener Saal im Obergeschoss ist einer Kopie der berühmten Laokoon-Gruppe gewidmet.

Echt gut!

Das Erdgeschoss beherbergt die sehenswerte ****Dauerausstellung** »Rhodos vom 4. Jh. bis zur türkischen Eroberung«, die 1993 im Rahmen der 2400-Jahr-Feier

Die Johanniterritter

Der »Ritterliche Orden des hl. Johannes vom Spital zu Jerusalem« wurde Anfang des 11. Jhs. gegründet. Er war eine barmherzige Bruderschaft, die sich der Krankenpflege der Pilger widmete, die nach der Eroberung Jerusalems im ersten Kreuzzug zu den heiligen Stätten strömten. In der Zeit der Kreuzzüge gegen den Islam wandelten sich die »Hospitaller« zu einem Militärorden, doch letztlich wurden sie von den islamischen Heeren aus Palästina vertrieben.

Zunächst fanden sie Zuflucht auf Zypern. 1306 bemächtigten sie sich der Insel Rhodos, die damals von genuesischen Piraten beherrscht wurde. Um sich vor Seeräubern sowie den Türken zu schützen, überzogen sie Rhodos mit starken Befestigungsanlagen, bauten als Hüter der christlichen Seefahrt eine schlagkräftige Flotte auf und waren bald selbst als Korsaren gefürchtet. Daneben blieben sie ihrer eigentlichen Aufgabe, der Krankenpflege, treu.

Den Kern des angesehenen Ordens bildeten etwa 600 Ritter aus den vornehmsten Adelshäusern Europas. Nach ihren Sprachen teilte man sie in acht »Zungen« ein: Aragonien, Kastilien, Provence, Auvergne, Frankreich, Italien, Deutschland und England. An der Spitze der hierarchisch organisierten Bruderschaft stand der auf Lebenszeit gewählte Großmeister. Insgesamt 213 Jahre waren die Johanniter auf Rhodos ansässig, bis sie Ende Dezember 1522 die Stadt nach sechsmonatiger Belagerung Süleyman dem Prächtigen übergeben mussten. Der junge Sultan verhielt sich den Besiegten gegenüber generös: Er sicherte ihnen freies Geleit unter Mitnahme ihres beweglichen Besitzes zu. Am 1. Januar 1523 verließen die Kreuzritter die Insel und ließen sich fortan auf Malta nieder, seither nannte man sie meist »Malteserritter«.

von Rhodos-Stadt eröffnet wurde und kostbare Ikonen umfasst.

Von mehreren Räumen des Palastes bieten sich schöne Ausblicke auf die Stadt, die Umwallung und das Meer. Die Cafeteria im Innenhof lädt zu einer Pause ein (im Sommer Di–So 8–20, Mo 12.30–19 Uhr, Eintritt 6 €).

*Türkisches Viertel

Zweifellos ist das Gesamtkunstwerk Ordensritterstadt die Hauptattraktion von Rhodos-Stadt. Dennoch ist das Türkenviertel mehr als nur pittoreskes Beiwerk. Das sehen inzwischen auch die Denkmalschützer so, die lange Zeit alles, was nicht klassisch-antik war, für nicht unbedingt erhaltenswert erachteten. Während die Italiener noch einen großen Teil der typischen türkischen Holzbalkone abrissen, wird heute das, was überlebt hat, behutsam restauriert, darunter auch einige Moscheen und die anmutigen Reinigungsbrunnen.

In erster Linie werden aber die Wohnbauten erneuert, deren Eigentümer man durch finanzielle Anreize dazu ermutigt, ihre Häuser zu modernisieren. Dabei will man die Atmosphäre der Altstadt erhalten, die jeden gefangen nimmt, der durch die krummen, von Schwibbögen überwölbten Gässchen schlendert, die so wirr und planlos angelegt sind, dass man sich am besten einfach treiben lässt. Abseits der Touristenströme entdeckt man immer wieder kleinere antike oder frühchristliche Ausgrabungen oder stille Plätze, auf denen unter schattigen Bäumen Brunnen plätschern.

*Süleyman-Moschee 13

Vom Großmeisterpalast sind es nur ein paar Schritte zur Süleyman-Moschee, der größten Moschee der Stadt. Der Zentralbau mit Kuppel (1808) steht an der Stelle, an der bereits Sultan Süleyman der Prächtige 1523 ein Bethaus errichten ließ. Das Reinigungsbecken im Vorhof dient den im Islam vorgeschriebenen Waschungen, ohne die kein Muslim in der Moschee beten darf (die Moschee wird nur für die islamischen Gottesdienste geöffnet, für Besucher bleibt sie geschl.).

Rund um die Moschee

Unmittelbar gegenüber der Moschee liegt in einem romantischen Gartenhof die ***Türkische Bibliothek** 14, die der reiche Türke Hafiz Ahmed Agha 1793 gegründet hatte und die noch heute von seinen Nachfahren geleitet wird. Sie beherbergt neben persischen und arabischen Handschriften auch eine Sammlung alter, pergamentener Koran-Handschriften (Mo–Fr 9–14, Mi auch 17–19 Uhr).

Etwas weiter südlich liegt das **Center of Contemporary Art** 15, ein Ableger des Museums für Moderne Griechische Kunst. In einer ehemaligen Kirche werden Wechselausstellungen gezeigt und jeden November findet hier das **Mo.Te.R Festival mit jungen griechischen Künstlern** statt (Di–Sa 8–14, Fr 17–20 Uhr, www.mgamuseum.gr). Im ruhigen Café

Echt gut

Karte Seite 64

Vom Roloj bietet sich ein schöner Blick auf die Süleyman-Moschee

Sessytio im begrünten Kirchhof werden Getränke serviert.

Vom **Roloj** (Uhrturm) **16** von 1851 an der Odos Orfeos, in der sich eine Taverne an die andere reiht, hat man **einen herrlichen Rundblick über die Stadt.** Das Bistro bietet eine Auswahl an kleinen Gerichten (tgl. 9–17, im Sommer bis 24 Uhr, Eintritt 5 €).

Biegt man kurz vor dem Uhrturm links in die Odos Apolloniou ein, stößt man vor der Stadtmauer auf die byzantinische Klosterkirche ***Agios Georgios 17**. Nach der Eroberung gestalteten die Türken die auf das 14. Jh. zurückgehende Kirche zur Moschee und Koranschule *(Medrese Hurmale)* um – wie es auch mit vielen anderen Kirchen geschah. Außen wurden den Kirchen ein Minarett und ein Brunnen vorgesetzt, im Inneren waren keine großen Veränderungen nötig. Fresken übertünchte man entsprechend dem islamischen Bilderverbot einfach.

Odos Sokratous

An der Süleyman-Moschee beginnt die ostwärts zum Hippokratesplatz › S. 63 führende Odos

Bäder und Brunnen

Um dem Reinlichkeitsgebot des Propheten nachzukommen, errichteten die Türken Bäder und unzählige Wasserbecken. Es gibt kaum einen Platz in der Altstadt, an dem nicht ein Brunnen steht. Manche sind mit antiken Säulen und Kapitellen geschmückt, andere mit Fayencen, deren Herstellung die Türken vollendet beherrschten. Neben jeden Brunnen pflanzten sie eine Platane, brachten so etwas Grün in das Häusergewirr.

Sokratous, die alte türkische Hauptgeschäftsader der Stadt. Bis heute ist sie *die* Einkaufsmeile in der Altstadt. Echt gut! **In den dicht aneinander gedrängten Läden wird alles gehandelt:** Pelze, Lederwaren, Schmuck, Textilien, Souvenirs und Kunst.

Früher hatte diese Straße fast Basarcharakter: Tag und Nacht ratterten die Nähmaschinen, waren Sandalenmacher oder Schneider am Werk. Natürlich kommen heute viele Waren aus China, aber es gibt noch immer viele Spezialgeschäfte, z. B. Kamiros (handgemachte Lederwaren, Sandalen, Taschen, Hundeleinen etc.) oder Astero am Abzweig Odos Agios Fanouriou (Antiquitäten, Messingwaren, mit Werkstatt).

Platia Arionos

Islamische Badearchitektur und -kultur verkörpert das ***Mustafa-Pascha-Bad** 18 *(Hamam)* an der mit Platanen und Mimosenbäumen begrünten Platia Arionos. Das Hamam *(Municipal Bath)* ist öffentlich und wird seit über 200 Jahren rege benutzt. Der Badebetrieb ist nach Geschlechtern getrennt: Den Männern ist der große Kuppelraum vorbehalten, den Frauen nur die Nebenräume. Die Zeiten der entspannenden Dampf- oder Saunagänge mit wohltuenden Massagen sind jedoch leider vorbei. Viele Rhodier kommen täglich hierher, um sich zu waschen, weil sie in ihren alten Häusern kein Badezimmer haben (Tel. 22410 27739, Mo–Fr 10–17, Sa 8–17 Uhr).

Das Hamam ist vermutlich 1764 errichtet worden, zur gleichen Zeit, als auch die **Mustafa-Pascha-Moschee** 19 gegenüber entstand. Das Gebetshaus ist geschlossen, beachtenswert sind aber die sehr schönen Reliefarbeiten am Reinigungsbrunnen und am Portal, die während der Ritterzeit entstanden sind und hier wiederverwertet wurden.

Kirchen und Moscheen

Eine der wenigen Kirchen, die nicht zu einer Moschee umgewandelt wurden, ist die 1335 erbaute und mit uralten Fresken ausgemalte Kreuzkuppelkirche ***Agios Fanourios** 20. Sie ist einem Heiligen gewidmet, der außer auf Rhodos nur noch auf Kreta verehrt wird.

Wenige Schritte entfernt liegt die 1588 erbaute ***Redjeb-Pascha-Moschee** 21 an der Platia Dorieos. Auch hier wurden Architekturfragmente aus der byzantinischen und der Ordensritterzeit verbaut. Die idyllische **Platia Dorieos** ist von gemütlichen Tavernen umgeben, die überwiegend von Einheimischen besucht werden. Eine davon ist Echt gut! **die urige Taverne »Oasis« mit herzhafter Küche** (●), wo man unter einem riesigen alten Ficusbaum die Zeit verträumen kann.

Eine christliche Kirche war auch die **Demirli-Moschee** 22; wieder in Kirchen zurückverwandelt wurden die **Agia Triada** 23 aus dem 15. Jh. und die **Agia Ekaterini** 24, die Freskenschmuck aus dem 14. Jh. aufweist.

Das *Judenviertel

Früher wunderten sich Reisende oft darüber, dass die rhodischen Bootsleute untereinander Spanisch sprachen. Das lag daran, dass rund ein Viertel der Bewohner sephardische Juden waren, die es im 16. Jh. auf der Flucht vor der Inquisition hierher verschlagen hatte. Vom Vertreibungsedikt waren insgesamt 200 000 Menschen betroffen. Ihre Mundart, das Ladino oder Spaniolisch, bewahrten sie noch jahrhundertelang. Die Juden lebten zusammen mit den Türken stets innerhalb der Stadtmauern. Die christlichen Griechen hingegen hatten zwar in der Altstadt ihre Läden und Werkstätten, mussten sie aber abends wieder verlassen. Obwohl die Türken Aufstände der zahlenmäßig übermächtigen Hellenen befürchteten – 7000 islamischen und 1500 jüdischen Bürgern standen damals etwa 20 000 Griechen gegenüber –, lebten die drei Religionen ohne große Spannungen nebeneinander.

Die rhodischen Juden waren nicht nur im Geldgewerbe, sondern in allen Berufen vertreten. Im 17. und 18. Jh. beherrschten sie den Weinhandel und die Seidenmanufakturen, die den Hof in Istanbul belieferten. Im 19. Jh. gehörten ihnen zwar vier der fünf Banken, und auch das erste Kaufhaus der Insel war in ihrem Besitz, die meisten von ihnen aber waren Handwerker und Händler, Lastenträger und Bootsleute. Sie besaßen eigene Tavernen, in denen koscheres Essen serviert wurde.

Der Seepferdchenbrunnen auf der Platia Martiron Evreon

*Platia Martiron Evreon

Der Platz der jüdischen Märtyrer, auf dem **der hübsche Seepferdchenbrunnen** Akzente setzt, ist heute von Kneipen und Souvenirshops gesäumt. Bis zu seiner Umbenennung in den 1980er-Jahren hieß er Erzbischofsplatz, so genannt nach der **Residenz des Erzbischofs 25** (15. Jh.), die die gesamte Nordseite beherrscht. Wegen der Hafennähe hält man den Palast auch für den Sitz der Admiralität des Ordens. Doch drei Inschriften und eine im Marmorrelief über dem Eingangsportal abgebildete Taube sprechen für den Erzbischof als Besitzer.

Echt gut!

Auf dem Platz der jüdischen Märtyrer, wo 1943 die jüdischen Bewohner von Rhodos durch die deutsche Wehrmacht zusammengetrieben wurden, hat man im Jahr 2001 eine schwarze Granitstele zum Gedenken an die Opfer aufgestellt › Exkurs S. 62.

Kahal-Shalom-Synagoge 26

Über die Odos Dosiadou, die vom Märtyrerplatz nach rechts abzweigt, gelangt man zur Synagoge aus dem 16. Jh., der einzigen erhaltenen von insgesamt drei Synagogen, die es auf Rhodos einst gab. Vor der Synagoge gedenkt eine Tafel der Opfer von 1944. Ein Mitglied der Gemeinde hält die Synagoge tagsüber offen und führt Besucher gegen eine Spende umher. Mit Spendengeldern von im Ausland lebenden rhodischen Juden wurde auch die Dekoration des Innenraums und das kostbare liturgische Gerät finanziert – die Deutschen hatten alles Wertvolle mitgenommen. Einen eigenen Rabbiner kann sich die kleine Gemeinde nicht leisten; zu Festlichkeiten reist ein Geistlicher aus Athen an. In dem angeschlosse-

Der rettende Halbmond

Neben den Ordensrittern und den Türken hat eine weitere Bevölkerungsgruppe jahrhundertelang das Leben in der Altstadt geprägt: die rhodischen Juden. Sie waren Sephardim bzw. Spaniolen, spanische Juden, die durch das königliche »Generaledikt« vom 31. März 1492 des Landes verwiesen wurden. Von den türkischen Sultanen wurden die Flüchtlinge mit offenen Armen aufgenommen, weil sie vielseitige Fähigkeiten, medizinisches Wissen, die Buchdruckerkunst, kaufmännisches Geschick und nicht zuletzt wertvolle Kenntnisse über die in Europa herrschenden politischen und wirtschaftlichen Verhältnisse mitbrachten. Das Türkenreich, so schwärmte ein zeitgenössischer jüdischer Dichter, wurde »eine Mutter des Judentums, wie man sie gegenwärtig auf dem ganzen Erdenrund nicht wieder findet«. Auf der Insel Rhodos wurden etwa 1500 spanische Juden ansässig.

Mit dem Zerfall des Osmanischen Reiches im 19. Jh. ging auch der intellektuelle und materielle Abstieg der osmanischen Juden einher. Die erneute Verfolgung setzte 1942 ein. Nordgriechenland war seit 1941 von den Deutschen besetzt, Südgriechenland und der Dodekanes von den Italienern. Als erste wurden die Juden von Thessaloniki in Konzentrationslager verschleppt und vergast. Die rhodischen Juden fühlten sich zu diesem Zeitpunkt noch relativ sicher. Zwar hatte Italien dem Drängen Hitlers nachgegeben und judenfeindliche Gesetze erlassen, diese wurden aber nur halbherzig angewendet. Das änderte sich erst nach dem Sturz Mussolinis 1943, als die Deutschen Südgriechenland und Rhodos okkupierten. Die südgriechischen Juden konnten glücklicherweise nicht mehr vollständig »registriert« werden – die Voraussetzung für den Abtransport –, so dass die meisten den Holocaust überlebten.

Die jüdische Gemeinde auf Rhodos dagegen wurde fast vollständig »erfasst« und noch im August 1944 nach Auschwitz gebracht. 1673 rhodische Juden wurden ermordet, nur 151 überlebten. Von ihnen kehrten die wenigsten nach Rhodos zurück. Heute leben noch sechs jüdische Familien (30 Menschen) hier.

Karte Seite 64

Einer der stimmungsvollsten Plätze der Altstadt: die Platia Ippokratous

nen, neu gestalteten Museum erinnern Dokumente an die Verfolgung (So–Fr 10–15 Uhr, www.jewishrhodes.org).

Panagia tou Bourgou und Katharinenhospiz

Nur wenige Schritte vom Märtyrerplatz entfernt sieht man die eindrucksvollen Überreste der einst 30 m langen **Kirche Panagia tou Bourgou** **27**, deren Name »St. Maria der Stadt« im Gegensatz zur Panagia tou Kastrou, »St. Maria der Burg«, an der Ritterstraße bedeutet. Das gotische Gotteshaus aus dem 14. Jh. wurde früher von der Odos Alchadef durchschnitten.

Aus dem 14. Jh. stammt auch das gelungen restaurierte **Katharinen-Hospiz** **28** – ein Bau der italienischen Zunge aus dem Jahr 1516. Er beherbergt heute eine Ausstellung zu den Grabungen am antiken Hafen, dessen Kai sich hinter dem Gebäude befand (nur temporär geöffnet).

*Platia Ippokratous

Über die Straßen Pindarou und Aristotelou geht es nun wieder nordwärts zum Hippokrates-Platz, dessen hübscher Brunnen ein **Lieblingsplatz und Treffpunkt der Touristen in der Altstadt** ist. Echt gut! Wer in den Cafés rundum keinen freien Stuhl mehr findet, nimmt mit der breiten Freitreppe des ehemaligen Handelsgerichtshofes, der ***Kastellania** **29**, vorlieb. Die Johanniter errichteten den Gerichtshof 1503 – so die Jahreszahl an der Fassade, die oberhalb des Portals eines der schönsten Reliefs aus der Ritterzeit ziert: ein Engel, der in seiner Linken das Wappen des Großmeisters Emery d'Amboise und in seiner Rechten den Ordensschild hält. Das Gebäude beherbergt heute das Volkskundearchiv der Stadt.

Platia Vas. Pavlou
Kalimnou Lerou
Elli Beach
Elli Club
Platia Koundourioti
G. Papanikolaou
Iroon Politechniou
Kazouli
Kathopouli
Mandilara
Griva
Akti Miaouli
Orfanidou
Kritis
G. Leon
Ap. Rodiou
Dragoumi
G. Efstrathiou
Amerikis
Ierou Lochou
28 Oktovriou
Pl. Vas. Georgiou
25 Martiou
Ialisos
Mandraki
Amochostou
Fanouraki
Sof. Venizelou
Lambraki
Makariou
Plastira
Alex. Diakou
EOT
Averof
Pl. Rimini
Papagou
Ioannou Metaxa
Erithrou Stavrou
Arkadiou
Papalouka
El. Venizelou
Voriou Ipirou
Riga Fereou
Dimokratias
Emborio
Ippoton
Orfeos
Theofiliskou
Agissandrou
Sokratous
Pl. Ippokratou
Aristotelous
Akti Sach
Pindou
Navarinou
Kennedy
Archelaou
Pl. Arionos
Antiochou
Agiou Fanouriou
Altstadt
Pl. Dorieos
Sophokleous
Pithagora
Pl. Martiron Evreon
Perikleous
Kleovouli-nis
Irinis
Omirou
Ipodamou
Himaras
Pavlou Mela
Sofouli
Akropolis, Rodini-Tal
Diagoridon
Agiou Ioannou
Aegean University
Themistokli
Komninon
Filellinon
Pavlidi
Dimokratias
Stadion
Meg. Konstandinou
Kazouli
Stef.
Irakliou
Ag. Lavras
Agion Anargiron
Volonaki
Gramou
Venetokleon
Rodini, Lindos

Karte Seite 64

– 4 – Rundgang durch die Altstadt

1 Freiheitstor
2 Aphrodite-Tempel
3 Städtische Kunstgalerie
4 Museum für dekorative Volkskunst
5 Panagia tou Kastrou
6 Neues Ordenshospital
7 Pytharia
8 Herberge der Italiener
9 Herberge der Franzosen
10 Herberge der Spanier
11 Herberge der Provenzalen
12 Großmeisterpalast
13 Süleyman-Moschee
14 Türkische Bibliothek
15 Center of Contemporary Art
16 Roloj
17 Agios Georgios
18 Mustafa-Pascha-Bad
19 Mustafa-Pascha-Moschee
20 Agios Fanourios
21 Redjeb-Pascha-Moschee
22 Demirli-Moschee
23 Agia Triada
24 Agia Ekaterini
25 Residenz des Erzbischofs
26 Kahal-Shalom-Synagoge
27 Kirche Panagia tou Bourgou
28 Katharinen-Hospiz
29 Kastellania

– 5 – Über die Stadtmauern

30 Amboise-Tor
31 Agios-Georgios-Tor
32 Turm der Spanier
33 Panagia-Turm
34 Agios-Ioannis-Tor
35 Del-Carretto-Turm
36 Ekaterini-Tor
37 Thalassini- (oder Marine-) Tor
38 Arsenaltor

– 6 – Mandraki-Hafen und Neustadt

39 St.-Nikolaus-Fort
40 Nea Agora
41 Evangelismos-Kirche
42 Gouverneurspalast
43 Nationaltheater
44 Türkischer Friedhof
45 Casino of Rhodes
46 Aquarium
47 Nestoridion Art Gallery

Karte Seite 64

Über die **Stadtmauern

– 5 – Amboise-Tor › Agios-Georgios-Tor › Turm der Spanier › Panagia-Turm › Agios-Ioannis-Tor › Del-Carretto-Turm › Ekaterini-Tor › Thalassini-Tor › Arsenaltor

Dauer: ca. 1 Std.
Praktische Hinweise: Die Stadtmauern sind im Sommer Di und Sa 8–12 Uhr zugänglich, während archäologischer Arbeiten bleiben sie geschlossen. Der Rundgang beginnt am Großmeisterpalast, dort werden auch die Eintrittskarten verkauft (4 €). Alternativ kann man durch den teils parkartig angelegten Burggraben laufen, der jederzeit zugänglich ist (kein Eintritt).

Geschichte

Die mächtige, bautechnisch ausgeklügelte Wehranlage von Rhodos-Stadt ist ein einzigartiges Meisterwerk mittelalterlicher Festungsbaukunst. Zu Zeiten der Ordensitter galt das Festungssystem als das strategisch am besten angelegte ganz Europas. Die Befestigungen bestehen nicht nur aus einem einfachen Mauerring, sondern bilden mit ihren Wällen und doppelten Gräben, ihren gestaffelten Türmen, Bastionen und Toranlagen ein verschachteltes Labyrinth, das ein Eindringen feindlicher Angreifer nahezu unmöglich machte.

Nach ihrer Ankunft auf Rhodos zu Beginn des 14. Jhs. begnügten sich die Johanniter zunächst noch mit der alten byzantinischen Stadtbefestigung, die sie wieder instand setzten. Erst nach einer ersten Belagerung 1480 durch Sultan Mehmed II., die um Haaresbreite mit einer Niederlage geendet hätte, begannen sie, das Befestigungssystem von Grund auf neu zu bauen. Für die Planung ließen sie Festungsbauarchitekten und Ingenieure aus Frankreich und Italien kommen. Als Arbeiter standen ihnen Tausende muslimischer Sklaven zur Verfügung, die die Ritter gefangen genommen und nach Rhodos verschleppt hatten. Die Mauern wurden verdoppelt und verdreifacht – manche von ihnen brachte man sogar auf eine Dicke von 12 m –, die Gräben und Wälle vertieft und verbreitert. Jeder der acht »Zungen« des Ritterordens wurde ein von Turm zu Turm reichender, fester Verteidigungsabschnitt zugewiesen.

Türme und Tore

Bei dem **fantastische Panoramablicke eröffnenden Rundgang** auf der 4 km langen Stadtbefestigung erhält man einen guten Eindruck von der Größe und Wehrhaftigkeit der mittelalterlichen Festungsanlage. Der Rundgang beginnt am ***Amboise-Tor** 30, das 1512 unter Großmeister Emery d'Amboise errichtet wurde. Weil es den unmittelbaren Zugang zum Großmeisterpalast sichern musste, war es am stärksten befestigt.

Karte Seite 64

Blick über den Emborio-Hafen auf den imposanten Großmeisterpalast

Vor dem Tor mit dem Wappen von d' Amboise liegt der doppelte, von einer dreibogigen Brücke überspannte Verteidigungsgraben, in dem zwischen unzähligen steinernen Kanonenkugeln bis vor Kurzem noch friedlich Hirsche grasten. Ein dritter Graben verläuft unmittelbar entlang der Palastmauer.

Die Mauer zwischen Amboise- und ***Agios-Georgios-Tor** **31** war der Verteidigungsabschnitt der deutschen Ritter. An der Westseite des Tores stellt ein Relief den Kampf des hl. Georg mit dem Drachen dar; darunter sieht man die Wappen von Antoine Fluvian, in dessen Zeit als Großmeister (1421–1437) Tor und Bastion errichtet wurden, neben Wappen des Papstes Martin V. und des Ritterordens.

Den folgenden Abschnitt bis zum ***Turm der Spanier** **32**, den 1489 Pierre d' Aubusson errichten ließ, verteidigten die Ritter der Auvergne. Unter d' Aubusson wurde der größte Teil der Wehranlage errichtet: Sein Wappen ist an insgesamt 50 Stellen der Mauern angebracht.

Die anschließende Verteidigungslinie der Spanier reicht bis zum ***Agios-Athanasios-Tor** beim ***Panagia-Turm** 33. Durch dieses Tor zog im Dezember 1522 der junge Sultan Süleyman als Sieger in Rhodos ein. Damit kein anderer es je betrete, ließ er es zumauern; erst die Italiener öffneten es 1922 wieder.

Für den Abschnitt bis zum ***Agios-Ioannis-Tor** 34 – auch Koskinou-Tor genannt, weil hier im Mittelalter die Straße zum Dorf Koskinou begann – waren die Engländer zuständig. Es trägt seinen Namen nach einem Relief mit der Darstellung Johannes des Täufers. Der Abschnitt von hier bis zum Turm der Italiener, der nach Großmeister Fabrizio del Carretto (im Amt 1513–1521) benannt ist, stand unter dem Schutz der Ritter der Provence.

Die Italiener verteidigten die Stadtmauer vom ***Del-Carretto-Turm** 35 bis zum ***Ekaterini-Tor** 36 am Emborio-Hafen, einst der Handelshafen von Rhodos.

Echt gut!

Der **schönste Torbau der Festungsanlage** ist das von zwei Rundtürmen flankierte ***Thalassini- (oder Marine-) Tor** 37 in der Hafenmitte. Das Relief über dem Torbogen stellt Maria zwischen Petrus und Johannes dem Täufer dar. Den Mauerabschnitt an der Hafenseite bis zum **Arsenaltor** 38 an der Platia Simi verteidigten die Ritter Kastiliens.

Mandraki-Hafen und Neustadt

– 6 – St.-Nikolaus-Fort › Nea Agora › Evangelismos-Kirche › Gouverneurspalast › Nationaltheater › Türkischer Friedhof › Casino of Rhodes › Aquarium › Nestoridion Art Gallery

Dauer: 2 Std.
Praktische Hinweise: Bei dieser Tour kann man eine Badepause einlegen, z. B. am Elli-Strand, der in den Monaten Juli und August allerdings vollkommen überlaufen ist.

Die Neustadt von Rhodos geht auf die Stadtplanung der italienischen Besatzungszeit 1912–1943 zurück. Damals sanierten italienische Architekten die griechischen Wohnviertel und legten gleichzeitig am Mandraki-Hafen ein neues Stadtzentrum mit breiten Straßen, großzügigen Plätzen und öffentlichen Gebäuden an.

Heute ist die Nordspitze der Stadt ganz von der touristischen Entwicklung der letzten drei Jahrzehnte geprägt: In den modern bebauten Straßen reihen sich Hotels, Restaurants, Bars, Cafés, Reiseagenturen und Läden aneinander. Ein junges Publikum aus ganz Europa trifft sich in den über 600 Diskotheken, Clubs und Bars.

Daneben ist Rhodos-Stadt seit einigen Jahren aber auch Universitätsstadt, und die Studenten der Aegean University prägen heute ebenfalls das Stadtbild. In letzter Zeit wurden viele italienische Gebäude saniert, die der Stadt etwas von ihrem einstigen Flair wiedergegeben haben.

*Mandraki-Hafen

Der durch eine künstliche Mole begrenzte Mandraki-Hafen entstand im Jahr 408 v. Chr., als Rhodos-Stadt gegründet wurde; er war damals der Kriegshafen. An der Einfahrt bilden der **Hirsch und die Hirschkuh** (Elafos und Elafina) die Wahrzeichen der Stadt Rhodos. Auch der berühmte »Koloss von Rhodos« › Exkurs S. 35 soll hier gestanden haben, allerdings gewiss nicht breitbeinig wie man ihn in Souvenirgeschäften häufig findet. Nachdem man den Standort ein Weile beim antiken Helios-Tempel auf der Anhöhe des heutigen Großmeisterpalastes vermutet hatte, konnten neuere Forschungen recht plausibel nachweisen, dass er wohl doch am Hafen platziert war, und zwar auf dem Molenkopf, wo heute das **St.-Nikolaus-Fort** 39 steht, das Großmeister Philibert de Naillac um 1400 errichten ließ (nur temporär geöffnet). Seeseitig sind dort noch die gewaltigen Blöcke der Fundamente zu erkennen.

Einfahrt zum Mandraki-Hafen

*Nea Agora 40

An der Südwestseite des Mandraki-Hafens liegt der »Neue Markt«. Die Italiener legten ihn nach Art eines orientalischen Basars im pseudomaurischen Stil an. Die weiß getünchte, polygonale Markthalle umschließt einen Innenhof, in dessen Mitte ein überkuppelter Fischpavillon steht. Von den kleinen Kafenia und Tavernen im Hof kann man dem täglichen Markttreiben zuschauen.

Entlang der breiten, als Aufmarschplatz konzipierten Odos Eleftherias reihen sich öffentliche Bauten aus der Zeit der italienischen Herrschaft: Justizgebäude, Postgebäude und das Rathaus.

Der Post gegenüber liegt die ***Evangelismos-Kirche** 41, heute die Kirche des Metropoliten von Rhodos. Sie ist eine fast originalgetreue Rekonstruktion der 1856 durch eine Pulverexplosion zerstörten Ordensritterkirche St. Johannes beim Großmeisterpalast › S. 56. 1925 bauten die Italiener sie nach alten Plänen hier wieder auf, fügten aber einen Glockenturm in Form eines oberitalienischen Campanile hinzu. Der Kirchenbau vereint neoromanische und neogotische Stilelemente, der Innenraum ist mit Fresken im byzantinischen Stil ausgeschmückt.

Lieblingsplatz von Lawrence Durrell: der Türkische Friedhof

Auf dem Weg zur Nordspitze

Der Erzbischof von Rhodos residiert in dem ehemaligen ***Gouverneurspalast** 42. Er stammt ebenfalls aus der italienischen Besatzungszeit; hier vermischen sich arabische, neugotische und venezianische Elemente. Der vom Meer gesehen an den Dogenpalast in Venedig erinnernde Bau ist einer der schönsten aus der italienischen Besatzungszeit. In ihm fand 1947 die feierliche Rückgabe des Dodekanes an Griechenland statt.

Verglichen mit dem reich verzierten Gouverneurspalast wirkt das **Nationaltheater** 43 in seiner kubischen Strenge wie das Werk eines Bauhaus-Architekten.

Gegenüber, an der Ecke zur Odos Papanikolaou, liegt der Echt gut! idyllisch-verwilderte ***Türkische Friedhof** 44 mit der kleinen Mourad-Rais-Moschee aus dem 16. Jh. Sie ist die einzige Moschee außerhalb der Stadtmauern. Benannt wurde sie nach einem Admiral von Süleyman dem Prächtigen, Mourad Rais, der hier seine letzte Ruhestätte fand. Unter dem dichten Laubwerk mächtiger alter Eukalyptusbäume ruhen zahlreiche osmanische Würdenträger, die bei der Hohen Pforte in Istanbul in Ungnade gefallen und nach Rhodos ins Exil geschickt worden waren, darunter ein persischer Schah, mehrere Tataren-Prinzen und ein türkischer Großwesir. Die Grabplatten der Männer tragen einen Turban; die oben spitz zulaufenden Grabsteine der Frauen erkennt man an Blumen-, Vögel- und Lebensbaummotiven.

Weiter in Richtung Nordspitze gehend passiert man rechts den Elli Beach. Bald darauf folgt in einem Park das einstmals berühmte Hôtel des Roses (Albergo della Rosa), das erste Urlaubshotel auf Rhodos, das die Italiener 1926 im maurischen Stil erbauten. 1999 wurde das alte Hotel restauriert und wiedereröffnet. Angegliedert ist das noble **Casino of Rhodes** 45 (durchgehend geöff-

Schriftstellerrefugium

In einem Häuschen am Ende des Friedhofs, heute Sitz einer Literaturstiftung, wohnte von 1945 bis 1947 der englische Romancier Lawrence Durrell. Als britischer Presseattaché war er zwei Jahre lang auf Rhodos stationiert. In seinem lesenswerten Buch »Leuchtende Orangen« schildert er Menschen, Kultur und Geschichte, wie er sie auf seinen Streifzügen über die Insel erlebte.

net), im Garten finden abends gelegentlich Konzerte statt. Ganz auf der Nordspitze beherbergt ein schöner Italienerbau das ***Aquarium** 46 › S. 19, das Fische und andere Meerestiere der Ägäis zeigt (tgl. 9–20.30, im Winter bis 16.30 Uhr, Eintritt 5,50 €).

Der Rundgang durch die Neustadt endet an der Platia Vassilis Pavlou, die heute meist 100 Palms Square genannt wird. Dort wurde 2002 in einem neoklassizistischen Bau die **Nestoridion Art Gallery** 47 eröffnet, die die wichtigsten Werke der Städtischen Kunstgalerie ausstellt › S. 51 (Di–Sa 8–14, Fr zusätzlich 17–20 Uhr, www.mgamuseum.gr).

Info

Fremdenverkehrsamt EOT
Odos Makariou/Ecke Papagou
Tel. 22410 44335/44333
www.ando.gr/eot, Mo–Sa 8–14 Uhr

Informationskiosk an der Platia Rimini
Im Sommer tgl. 8–21 Uhr

Verkehr

Flughafen: 12 km südlich bei Paradissi. Busse alle 30 Min. ab Nea Agora (Rückseite), per Taxi ca. 18 €.

Busse: Die Stadtbuss fahren am Mandraki-Hafen vor der Nea Agora ab. Die beiden Haltestellen der Inselbusse befinden sich südlich und westlich des Platzes: an der Platia Rimini für die Ostküstenorte, an der Odos Averof für die Orte der Westküste.

Fähren und Ausflugsboote: Die großen Fährschiffe machen am Emborio-Hafen fest; Tickets kauft man bei den Agenturen an der Nea Agora. Ab Mandraki starten schnelle Hydrofoils zu den umliegenden Inseln und Ausflugsboote, die Tagestouren entlang der Ostküste anbieten (mit oder ohne Barbecue), dazu **Touren mit dem Glasbodenboot,** Tauchfahrten in die Bucht von Kalithea oder Ausflüge zu den benachbarten Inseln wie Chalki oder Simi. Echt gut!

Hotels

Avalon Boutique Suites Hotel
Altstadt][Odos Haritos 9
Tel. 22410 31438
www.avalonrhodes.gr
Das luxuriöse Altstadthotel verfügt über **sechs große Suiten mit Terrassen, einige mit offenem Kamin.** Angeschlossen ist ein Café. ●●● Echt gut!

S. Nikolis
Altstadt][Ippodamou 61
Tel. 22410 34561][www.s-nikolis.gr
Das Hauptgebäude des romantischen Hotels stammt aus dem 14. Jh. **Idyllischer Innenhof und schöne Dachterrasse mit Altstadtblick.** ●●● Echt gut!

Cava d' Oro
Altstadt][Kisthiniou 15
Tel. 22410 36980
www.cavadoro.com
In die historische Stadtmauer integriertes Schmuckstück mit 13 im Inselstil eingerichteten Zimmern und lauschiger Frühstücksterrasse im Innenhof. ●●● Echt gut!

Camelot
Altstadt][Themistokleous 18
Tel. 22410 26649
www.camelothotel.gr
Zauberhaftes, winziges Altstadthotel in ausgesprochen ruhiger Lage; 6 stilvolle, neu gestaltete Zimmern mit eigenem Bad. Das Frühstück wird im hübschen Innenhof serviert. ●●●

Casa Antica
Neustadt][Amarandou 8
Tel. 22410 26206
www.casantica.gr
Ungeahnte Romantik in der Neustadt: Ganz versteckt und ruhig im alten Dorfviertel der Neustadt gelegen, ein Traditionshaus mit einfachen Zimmern, geführt von einem netten, älteren Ehepaar. Anhaltspunkt für den Taxifahrer: nahe Moni Theotokou. ●●

Niki's Rooms
Altstadt][Sofokleous 39
Tel. 22410 25115
www.nikishotel.gr
11 schlichte, saubere Zimmer mit Bad und Kühlschrank, einige mit Balkon. Nette Dachterrasse mit Blick über die Altstadt. Morgens wird Frühstück serviert. Freundlicher Besitzer. ●–●●

Restaurants

Palaia Historia
Neustadt][Odos Mitropoleos 18
Tel. 22410 32421
Echt gut! **Von Gourmetkritikern unter die zehn besten Restaurants Griechenlands gewählt.** Viele Einheimische speisen hier. Unbedingt reservieren! ●●●

Ippotikon
Altstadt][Am Märtyrerplatz
Tel. 22410 25293
www.ippotikon.com
Stimmungsvolles Ambiente in einem schön restaurierten rhodischen Stadtpalast. Das Essen ist nicht gerade günstig, aber gut. ●●●

Manolis Dinoris
Altstadt][Platia Moiusio 14
Tel. 22410 25824
Echt gut! **Mehrfach ausgezeichnete Familientaverne in historischem Gemäuer** direkt an der Hafenmauer, spezialisiert auf Fischgerichte. ●●●

Bistrot l'Auberge
Altstadt][Praxitelous 21
Tel. 22410 34292
Hervorragende französische Küche und ebenso gute Weine. Die beiden Inhaber, Danièle und Jean Greleaud, haben das etwas versteckt liegende Haus mit wunderschönem mittelalterlichem Innenhof stilvoll restauriert. Reservierung empfohlen. ●●

Romios
Altstadt][Sofokleous 15
Tel. 22410 25549
www.romios-rhodes.gr
Im türkischen Viertel gelegenes Restaurant, das gekonnt zubereitete Klassiker der griechischen Küche serviert. Man sitzt im Schatten einer riesigen alten Platane. ●●

Fotis Melathron
Altstadt][Sokratous 41
Tel. 22410 24272
Zauberhaftes Altstadtlokal mit lauschigem Innenhof auf mehreren Ebenen. Die mit viel Liebe und Rafinesse zubereiteten Gerichte sind ein Gedicht. ●●

Kafenio Bekir Karakousou
Altstadt][Odos Sokratous 76
Schon vor 400 Jahren gründete eine türkische Familie das traditionsreiche Café. Bis heute ist die schlichte Einrichtung original erhalten geblieben: Farbiges Fensterglas und ein wunderschöner Boden aus Kieselsteinmosaik machen ihren Reiz aus.

Nightlife

Café Chantant
Altstadt][Odos Aristotelous 42
Tel. 22410 32277
Echt gut! **Das traditionsreichste Buzuki-Lokal der Insel** öffnet erst gegen Mitternacht seine Pforten. Tolle Stimmung ist hier garantiert › S. 75.

Karte Seite 64

Ein beliebtes Souvenir: rhodisches Kunsthandwerk

■ **Melina Mercouri Theatre (Medieval Moat Theatre)**
Burggraben nahe dem Akandia-Hafen
Hier finden im Sommer Konzerte und Theateraufführungen statt.

■ **Tou Roussaki**
Neustadt][Odos Ionos Dragoumi 27
Tel. 22410 70464
Winzig kleines kretisches Café, an manchen Abenden Livemusik.

Shopping

■ Auf der **Nea Agora** wird jeden Vormittag ein bunter Markt abgehalten. Fisches Obst und Gemüse stehen hier zum Verkauf.

■ **Ilias Lalaounis**
Altstadt][Platia Megalou Alexandrou
www.lalaounis.gr
Filiale des Königs der griechischen Juweliere mit höchst exklusivem Schmuck.

■ **Greekgold.com**
Altstadt][Platia Evreon Martiron 47
Eine riesige Auswahl an Gold- und Silberschmuck, von antiken und byzantinischen Preziosen bis zu topmodernen Designerstücken.

■ **Manuel Music Centre**
Neustadt][Odos Amerikis 93
Musikalische Souvenirs – Folklore, aber auch aktuelle Pop- und Rockmusik aus Griechenland.

■ **Casts & Reproductions**
Altstadt][Platia Simi (im Gebäude der Städtischen Kunstgalerie)
Wunderschöne Kopien antiker sowie mittelalterlicher Kunstgegenstände, die in den Museen zu bewundern sind.

Special

Heiße Nächte, kühle Drinks

Nachtschwärmer werden sich auf Rhodos zweifellos wohlfühlen! Abend für Abend, nach Sonnenuntergang, beginnt in der Inselhauptstadt der große Showdown. Möglichkeiten zur Zerstreuung und zum Amüsement gibt es wie Sand am Meer; es fragt sich nur, wofür man sich entscheidet. Während die einen gut gestylt und gut gelaunt in Clubs und Diskotheken abtanzen oder in schicken Bars und Lounges Cocktails schlürfen, besuchen andere Theatervorstellungen, Konzerte oder eine kleine verqualmte Bouzoukia, die Landestypisches verspricht.

Szene in Bewegung

Allein Rhodos-Stadt hat mehr als 600 Bars, und jede zeigt ein anderes Gesicht: Neben Kneipen mit schrillem Interieur und kalten Internet-Cafés findet man solche mit angeschlossenem Gruselkabinett oder andere mit dezenter Atmosphäre und beleuchtetem Pool,

Aktuelle Ausgehtipps

Die Szene ist ständig in Bewegung. Das große Karussell der Betreiber dreht sich unaufhörlich. Was in einem Jahr »in« war, ist im nächsten »out« oder existiert gar nicht mehr. Einschlägige Empfehlungen fallen daher auch auf Rhodos der Vergänglichkeit alles Irdischen leicht zum Opfer. Die Website www.rodosnightlife.com informiert aktuell darüber, welche Adressen gerade angesagt sind und welche Events einen Besuch lohnen.

wo man unter Palmen genüsslich seinen Cocktail schlürft ... Ein Kristallisationspunkt des Nachtlebens ist die Odos Orfanidou in der Neustadt – hier liegen Diskotheken und Bars eng beieinander. Ob man tatsächlich im Toxic Club, im Downunder oder der Walhalla Rock Bar seinen Abend verbringen möchte, muss jeder für sich entscheiden. Die Lieblingsbars der Studenten von Rhodos jedenfalls liegen in der Altstadt, nahe der Ibrahim-Moschee und der Mustafa-Moschee – Hotspots einer lebendigen und ganz und gar griechischen Nachtszene. Das **Oinos** ist eine beliebte Musikkneipe, in der häufig griechische Bands auftraten. Angesagt ist auch die **Todo Latin Bar,** eine Kuba-Bar, in der im Sommer jeden Sonntag eine Reggae- und R'n'B-Party stattfindet. Ebenfalls gute Stimmung herrscht in der **Baduz Café Bar,** wo häufig Live-Bands zu Gast sind. Im **Mandala** verzaubern im Sommer Musiker ihr Publikum mit griechischer Musik ebenso wie mit Songs der 1960er- und 1970er-Jahre. Und etwas ganz Besonderes ist in der Neustadt das winzig kleine kretische Musikcafé **Tou Roussaki** mit exquisitem Programm.

■ Oinos

Odos Platanos, an der Moschee

Im Sommer tgl. geöffnet

■ Todo Latin Bar

Odos Pithagoras 15–17

Tgl. ab 22.30 Uhr

■ Baduz Café Bar

Platia Arionos

Tgl. 12–3 Uhr

■ Mandala

Odos Sofokleous

Im Sommer tgl. 11 Uhr bis nach Mitternacht, im Winter ab 19 Uhr

■ Tou Roussaki

Odos Ionos Dragoumi 27

Unregelmäßige Öffnungszeiten, im Sommer meist abends ab 20 Uhr

Typisch griechisch

Es gibt auch Verlässliches: Das **Café Chantant,** ein traditionsreiches, verqualmtes Buzuki-Lokal in der Altstadt, das erst gegen Mitternacht öffnet, hat sich in all den Jahren seit seiner Eröffnung 1981 kaum verändert. Hier erlebt man Musiker, die schweißgebadet unverfälschten Rembetiko präsentieren, die einst verpönte Musik der griechischen Einwanderer, die in den 1920er-Jahren in den schmuddeligen Hafenkneipen von Piräus gespielt wurde.

Café Chantant › S. 72

Sommer in der Stadt

Was gibt es sonst noch in Rhodos-Stadt? Die folkloristischen »griechischen Abende«, die Freiluftkinos, das Spielcasino und die Tanzpartys in den Hotels ... Da mag so mancher Lust bekommen, zur Abwechslung einfach nur mal essen zu gehen, außerhalb der Metropole in einer kleinen Taverne am Meer zu sitzen, den harzigen Hauswein zu schlürfen, den Wellen zu lauschen und den Booten hinterherzuschauen, die Kurs nehmen auf die quirlige Inselhauptstadt, die vor dem Morgengrauen garantiert nicht zur Ruhe finden wird ...

■ **Vassilis Sirimis**
Altstadt][Kistiniou 42
Schöne Holzschnitzereien und handgemalte (neue) Ikonen.

■ **Natura Greca Shop**
Altstadt][Odos Sokratous 78–80
Allerhand Gewürze, Olivenöl, Kosmetika, Seifen und andere Mitbringsel, nett verpackt.

■ **The Cellar of the Knights**
Altstadt][Platia Ippokratous
Große Auswahl an Weinen und Spirituosen, aber auch Olivenöl und Seifen, stilvoll präsentiert.

Ausflüge

*Akropolis auf dem Monte Smith

Im Südwesten der Stadt liegt der Hügel mit der Akropolis von Rhodos, nach einem englischen General Monte Smith genannt. Leider blieben von den antiken Bauten, die schwedische und italienische Archäologen freigelegt haben, nur spärliche Reste erhalten. Die meisten Steine sind wohl in den mittelalterlichen Wällen der Ritterstadt verbaut worden. Doch lohnt sich der Ausflug allein schon wegen des herrlichen Blicks bis hinüber nach Kleinasien. Echt gut! **Besonders schön ist es, hier oben den Sonnenuntergang zu genießen.** Mit dem Stadtbus Nr. 5 oder 9 sind es von der Nea Agora nur wenige Minuten bis zur Akropolis. Wer genügend Zeit mitbringt, sollte lieber einen kleinen Spaziergang unternehmen (ab Amboise-Tor 30 Min.). Dabei kommt man an vielen versteckten antiken Fragmenten vorbei: Grundmauern, Wasserleitungen, gepflasterten Straßenstücken und kleineren Grabungen.

Auf dem höchsten Punkt des Hügels (111 m) stand einst ein **Athena-und-Zeus-Tempel,** von dessen Schönheit die auf dem Boden verstreuten Säulentrommeln nur ein schwacher Abglanz sind. Mächtige Fundamentreste kennzeichnen den Standort des ***Apollon-Tempels.** Hier haben italienische Archäologen aber eine Gebälkecke über einer halbhohen und drei ganzen dorischen Säulen rekonstruiert. Das **Stadion** stellten sie fast vollständig wieder her, und völlig neu erbauten sie das **Odeon,** das 800 Zuschauer fasste. Möglicherweise diente es einst als Auditorium für die berühmte rhodische Rednerschule › Exkurs S. 77, die sich im Rodini-Tal befunden haben soll.

Rodini-Tal

Wenn man sich vergegenwärtigt, dass die Lehrer der Antike mit ihren Schülern nicht in geschlossenen Hörsälen saßen, sondern in gelehrtem Gespräch unter freiem Himmel umherzuwandeln pflegten › Exkurs S. 77, dann war das schattige, grüne Rodini-Tal geradezu prädestiniert für diesen zwanglosen Unterricht.

Noch heute ist das **romantische, von einem Bach durchzogene Parkgelände** an der Straße nach Lindos eine Oase am Rande der Stadt und vor allem an den Wochenenden ein beliebtes Ausflugsziel rhodischer Familien. Von der Akropolis erreicht man es zu

Karte Seite 64

Fuß in 30 Minuten (oder mit dem Stadtbus Nr. 3 ab Nea Agora).

Da das Tal im Altertum außerhalb der Stadtmauern lag, befand sich hier die Totenstadt des antiken Rhodos. Am Ende des Tals entdeckte man zahlreiche antike Gräber, darunter auch das ***Ptolemäergrab.** In ihm hat jedoch niemals ein Ptolemäer geruht, den Namen verliehen ihm Reisende des 18. und 19. Jhs. Das aus dem Felsen herausgehauene Grabmonument stammt aus dem 4. Jh. v. Chr. Es hat einen fast quadratischen Grundriss mit einer Seitenlänge von knapp 28 m. Ursprünglich war das Monument auf allen vier Seiten durch jeweils 21 nicht kannelierte Halbsäulen gegliedert, doch heute ist nur noch die Nordfassade einigermaßen intakt.

Rekonstruierte Säulen des Apollontempels auf dem Monte Smith

Die Rednerschule von Rhodos

Um das Jahr 330 v. Chr. gründete der bedeutende Redner und Politiker Aischines (389–314 v. Chr.), ein Rivale des Demosthenes (384–322 v. Chr.), in dem manche den größten Redner aller Zeiten sahen, die Rednerschule von Rhodos. Sie bestand bis 51 v. Chr. und soll im Tal von Rodini gelegen haben. Das gesprochene Wort hatte in der Antike eine weit größere Bedeutung als heute. Besonders für Politiker und Gelehrte war die überzeugende Rede das probate Mittel, um Glaubwürdigkeit zu erringen, Entscheidungen durchzusetzen und Macht zu erhalten. Daher versuchte man schon früh, der Redekunst wissenschaftlich auf den Grund zu gehen. Die ersten rhetorischen Lehrbücher wurden im 5. Jh. verfasst; Aristoteles schuf das dreibändige Werk »Rhetorik«.

Mit dem griechischen Bildungssystem übernahmen die Römer im 2. Jh. v. Chr. auch die Kunst der griechischen Rhetorik. Aufgrund der engen politischen Verbindung zwischen Rom und Rhodos im 1. Jh. v. Chr. waren es in dieser Zeit vor allem Römer, die in der rhodischen Rhetorenschule das Rüstzeug der überzeugenden Rede erwarben. Es gibt kaum einen bedeutenden Römer, der hier nicht studiert hätte: Cato, die Caesarenmörder Brutus und Cassius, Marc Aurel … Manche kamen sogar mehrmals hierher, wie Cicero, Caesar und Pompeius.

Die Ostküste

Nicht verpassen!

- An einem Bach entlang durch schattigen Wald zu den Sieben Quellen spazieren
- Vom Berg Tsambika aus das überwältigend schöne Küstenpanorama genießen
- Durch die malerischen Gassen von Archangelos bis hinauf zur Festung bummeln
- Im glasklaren Wasser der von Felsen gesäumten Anthony-Quinn-Bucht schnorcheln
- Sich im schneeweißen Städtchen Lindos vom gleißenden Licht der Ägäis blenden lassen

Karte Seite 80

Zur Orientierung

Die Ostküste wartet mit den schönsten Sandstränden der Insel auf. Kein Wunder daher, dass sie sich fest in touristischer Hand befindet. Riesige Hotelanlagen und ein kaum zu überschauendes Sport- und Freizeitangebot bietet Faliraki, das neben Kolimbia das touristische Zentrum der Region darstellt. Südlich von Lindos wird es allmählich ruhiger, nur bei Kiotari stößt man noch einmal auf größere Hotelanlagen. Individualreisende werden sich an der Bucht von Stegna, vor allem aber im Fischerdörfchen Charaki wohlfühlen, wo man noch nette, günstige Privatzimmer findet.

Besuchermagneten an der Ostküste bilden die orientalisch anmutende Thermenanlage von Kalithea, der unverbaute Strand von Tsambika – und natürlich das zauberhafte Städtchen Lindos mit seinen schneeweißen Häusern und der berühmten Akropolis auf dem Burgberg. Über die gut ausgebaute Ostküstenstraße, die von Rhodos-Stadt in den Süden führt, erreicht man Lindos in knapp einer Stunde.

Neben den quirligen Küstenorten lockt das Hinterland mit stillen Landschaften, traditionellen Dörfern und sehenswerten Klöstern. Eines davon ist Moni Thari südlich von Laerma.

Eindrucksvoll überragt die Akropolis von Lindos Ort und Strand

Touren in der Region

Sieben Quellen und ein Traumstrand

(7) Kolimbia › Epta Piges › Tsambika › Archangelos › Stegna › Kolimbia

Dauer: 1 Tag, 30 km
Praktische Hinweise: Unbedingt Badesachen und einen Fotoapparat einpacken! Es bieten sich traumhafte Panoramablicke und in Archangelos interessante Detailmotive.

Bei dieser abwechslungsreichen Tagestour ergibt sich immer wieder die Möglichkeit zu einem erfrischenden Bad im Meer. Von **Kolimbia** › S. 88 aus ist es nur ein Katzensprung (3 km) zu den ***Epta Piges** › S. 88, wo man am plätschernden Quellwasser entlang und durch einen Tunnel zu einem kleinen Stausee wandern kann (ca. 30 Min.). Wieder zurück am Ostküsten-Highway, hat man nach 2 km ****Tsambika** › S. 89 erreicht. Dort fährt man bis zum Parkplatz hinauf, von wo aus ein kurzer Spaziergang (ca. 15 Min.) zur berühmten Wallfahrtskapelle führt. Lohn der Mühe ist ein fantastischer Blick auf die Küste und den Strand von Tsambika. Anschließend sollte eine Badepause auf dem Programm

MITTELMEER
Theologos
Soroni
Fanes
Agios Soulas
Kalavarda
Kamiros
Salakos
Dimilia
Eleousa
Mandrikon
Kapion
798 Profitis Ilias
Apollona
Ag. Nikolaos Fountoukli
Alimia
Alimia
Kamiros Skala
Nani
Kastro Kritinias (Kastello)
Kritinia
Panagia Amartos
Embonas
Artamiti
1215 Ataviros
Agios Isidoros
Laerma
Glifada
Stellies
825 Akramitis
Siana
Moni Thari
Kastro Monolithos
Kap Armenistis
Monolithos
Istrios
Moni Ipseni
Kap Monolithos
Agios Giorgios Vardas
Profilia
Asklipio
Agia Irini
Kap Fourni
Vathi
Apolakkia
Arnitha
Kiotari
Gennadi

7

Sieben Quellen und ein Traumstrand Kolimbia › Epta Piges › Tsambika › Archangelos › Stegna › Kolimbia

8

Burgen und Buchten Archangelos/ Stegna › Charaki › Burg Feraklos › Agathi-Beach

9

Ins stille Landesinnere Lindos › Laerma › Kloster Thari › Asklipio › Lindos

10

Wanderung auf den Profitis Ilias Salakos › Profitis Ilias

11

Ins antike Kamiros Kamiros Skala › Kamiros › Salakos › Embonas › Kamiros Skala

12

Umgebung von Kamiros Skala Kamiros Skala › Kastell › Kritinia › Kloster Armatu › Kamiros Skala

13

Besteigung des Ataviros Embonas › Ataviros

stehen – Tsambika Beach zählt zu den schönsten Stränden der Insel. Wieder zurück auf der Ostküstenstraße, steuert man das geschäftige Städtchen ***Archangelos** › S. 90 mit seinen farbenfroh getünchten Mauern und Toren an (5 km). Hier lohnt ein ausgiebiger Stadtbummel, denn neben interessanten Fotomotiven locken zahlreiche Geschäfte, in denen man Keramik- und Ledererzeugnisse kaufen kann. Eine kurze Wanderung führt anschließend hinauf zum über der Stadt thronenden Johanniterkastell – auch von hier bieten sich hinreißende Panoramablicke. Danach geht es weiter zum Hausstrand von Archangelos, nach **Stegna.** Hier kann man noch einmal ins Wasser springen, bevor man den Tag in einer Taverne ausklingen lässt. Der Heimweg nach Kolimbia ist nicht weit (11 km).

Burgen und Buchten

8 Archangelos/Stegna › Charaki › Burg Feraklos › Agathi-Beach

Dauer: 4–5 Std., 16 km
Praktische Hinweise: Badesachen und Fotoapparat nicht vergessen!

Eine ganz und gar erholsame Halbtagestour. Nach der Besichtigung von ***Archangelos/Stegna** › S. 90 fährt man Richtung Süden ins ehemalige Fischerörtchen **Charaki** › S. 91, das an einer kreisrunden Bucht mit Sand-/Kiesstrand liegt. Hier wandert man am Hafen entlang und über die Zufahrtsstraße hinauf zur verfallenen ***Burg Feraklos,** den Resten einer ehemaligen Johanniterfestung. Von der Burg selbst sind nur noch spärliche Reste erhalten, dafür ist der Panoramablick über den Ort und die Küste bis nach Lindos fantastisch. Anschließend geht es noch etwa 500 m weiter zum hübschen **Agathi-Beach,** wo man sich nach einem erfrischenden Bad in einer der beiden Strandtavernen stärken kann. Eine Alternative stellt die Fischtaverne »Argo« in Charaki dar, die unter Kennern einen guten Ruf besitzt.

Ins stille Landesinnere

9 Lindos › Laerma › Kloster Thari › Asklipio › Lindos

Dauer: Tagestour, ca. 60 km
Praktische Hinweise: Kloster Thari darf nur in angemessener Kleidung besichtigt werden. Am Eingang werden Röcke und Tücher verliehen.

Ausgangspunkt für diese schöne Tagestour ist ****Lindos** › S. 92. An der Ostküstenstraße erfolgt bei **Lardos** › S. 100 der Abzweig ins Landesinnere Richtung Laerma. Die Fahrt führt durch eine wunderschöne, einsame Landschaft. Umso trauriger, dass die verheerende Brandkatastrophe im Sommer 2008 hier ihre Spuren hinterlassen hat. In Laerma biegt man zum ****Kloster Thari** › S. 100 ab, dem ältesten, noch von Mönchen bewohnten Kloster der Insel mit sehenswerten Fresken. Die Feuerwalze hatte sich dem Kloster bedrohlich genähert, doch wie durch ein Wunder blieben die Gebäude verschont. Über die neue Asphaltstraße, die unterhalb des Klosterparkplatzes beginnt, erreicht man das schneeweiße, vom Tourismus noch weitgehend unberührte Dörfchen **Asklipio** › S. 101. Beim Bummel durch den stillen Ort stößt man immer wieder auf attraktive Fotomotive. Kunstinteressierte besichtigen die byzantinische Kreuzkuppelkirche **Kimisis Theotokou aus dem 11. Jh., der ein interessantes kleines Kirchen- und Folklore-Museum angeschlossen ist. Wer noch Bewegungsdrang verspürt, steigt zur ehemaligen Johanniterfestung oberhalb des Ortes hinauf. Hier liegt einem das malerische Asklipio zu Füßen. Zum Abschluss bietet sich die alteingesessene Taverne »Agapitos« zur Einkehr an. Von der Terrasse hat man einen schönen Blick auf das Dorf. Über Kiotari gelangt man wieder zur Küstenstraße und nach Lindos zurück, wo das Meer zum Baden lockt.

Unterwegs an der Ostküste

2 **Koskinou 1

Der unter Denkmalschutz stehende Ortskern besticht durch den farbenfrohen Anstrich von Hausfassaden und Toreingängen, die aus dem üblichen klassischen Kalkweiß hervorstechen. **Obwohl Koskinou zu den schönsten Dörfern der Insel zählt,** verirren sich nur wenige Touristen in die schmalen Gassen, in denen man immer wieder auf traditionelle Inselarchitektur des 17. und 18. Jhs. sowie auf einige neoklassizistische Häuser der vorletzten Jahrhundertwende und das typische Kochlaki-Pflaster stößt. Sehenswert ist das kleine **Museum** (Traditional House) mit typischen Einrichtungsgegenständen der Insel (Mo–Fr 10–13, 18–20 Uhr).

Während der osmanischen Zeit war Koskinou eines von vier rhodischen Dörfern, die ausschließlich von Türken bewohnt waren. Auch heute noch lebt hier eine kleine türkische Minderheit.

In nur 2 km Entfernung liegt am Meer **Reni Koskinou** 2 (Hotelzone Kalithea) mit einigen Sand-Kies-Buchten.

Hotels

■ **Castello di Rodi**
Kalithea Avenue
Tel. 22410 64856][Fax 22410 64812
Stilvoll eingerichtetes Hotel mit 60 Zimmern rund um einen grünen Innenhof; Schwimmbad, Sauna, üppig wuchernder Garten. ●●–●●●

■ **Ferienhaus Marianna**
Tel. 089/43 74 83 60 (München)
http://www.rhodos-island.de/fhm.htm

Romantisches Relikt der italienischen Ära: die Thermen von Kalithea

Liebevoll eingerichtetes Ferienhaus für 4–5 Pers. an der Burgmauer von Koskinou – ideal für alle, die ihren Urlaub individuell gestalten möchten. ●●

Restaurants

Jannis

Die kleine Taverne im Ortszentrum, ca. 200 m von der Kirche entfernt, wird gern von Einheimischen frequentiert. Nur abends geöffnet. ●

Tsampikos Kavourakia

Reni Koskinou][Kallithea Avenue 500 m vom Hotel Aldemar Paradise entfernt

Beliebte Fischtaverne, in der man fangfrische Meeresspezialitäten bei einem herrlichen Blick aufs Meer genießt. ●●

3 **Thermen von Kalithea 3

Hier »kurten« schon die alten Griechen, sie verordneten das schwefelhaltige Quellwasser von Kalithea bei Nieren- und Darmleiden sowie bei Arthrose. Im Mittelalter geriet die Quelle in Vergessenheit. Erst die Italiener verhalfen dem Heilbad in den 1920er-Jahren zu neuem, wenngleich nur kurzem Leben. Sie errichteten **ein Fantasiegebilde wie aus einem orientalischen Märchen,** mit Wandelgängen, Kuppeln und Arkaden im pseudomaurischen Stil.

Doch dann kam der Krieg, und so dämmerten die nostalgisch-schönen Anlagen dem Verfall entgegen: die runde, von Palmen umstandene Trinkhalle, deren von leuchtend blauen Glasternchen übersäte Kuppel sich wie ein Himmelszelt über dem Brunnen wölbt, die Ruheräume und die Arkadengänge.

Dennoch blieb Kalithea wegen seiner romantischen Architektur einer der schönsten Orte auf Rhodos und ein beliebtes Ausflugsziel. Inzwischen wurde die Anlage prächtig restauriert und mit schickem Lounge-Café und Strandbad wiederbelebt. In der Saison findet regelmäßig Wechselausstellungen statt (tgl. 8–20 Uhr, Eintritt 3/2 €, nach 20 Uhr frei).

Am palmengesäumten kleinen Strand legen die Ausflugsschiffe und Tauchboote von Rhodos-Stadt an. Auch in den Buchten etwas weiter südlich kann man an den Felsstränden schön baden. Dort gibt es mehrere Strandtavernen, die die Felslandschaft mit Liegestühlen und Badeleitern erschlossen haben.

Verkehr

Bus: Stdl. von und nach Rhodos-Stadt.

Faliraki 4

Hier schlägt das Herz des rhodischen Urlaubslebens. Nirgendwo gibt es mehr Hotels, Bars und Diskotheken als in Faliraki. Seinen Boom hat der Küstenort in erster Linie dem kilometerlangen Strand zu verdanken, an dem sich im Sommer Sonnenschirm an Sonnenschirm reiht. In einer Bucht liegt auch der einzige FKK-Strand von Rhodos. Die Hotelzone ist deutlich zweigeteilt: Im und um den Ort, einst der Fischerhafen des Inlanddorfs Kalithies, gibt es eher einfache Hotels und Apartmenthäuser; die großen Pauschalhotels liegen hingegen ca. 3 km nördlich direkt am Strand. Faliraki-Ort geriet vor einigen Jahren als Drogen- und Sex-Paradies in die Schlagzeilen, doch die Griechen haben inzwischen wieder für Ordnung gesorgt. Noch immer hat Faliraki aber das bunteste, wildeste Nachtleben und das größte Wassersportangebot der Insel. Surf- und Segelkurse, Wasserski und Banana Boating sind ebenso »in« wie Paragliding, Gokart-Fahrten oder Bungee Jumping von einem Kran am Strand. Wasserspaß besonders für Kinder bietet zudem der **Faliraki Waterpark** › S. 18 gegenüber dem Hotel Esperos Palace. Und als neue Attraktion lockt der **History Park,** der in 17 Ausstellungssälen kleine und große Besucher zu einer **spannenden Zeitreise durch die Geschichte der Insel** von der Antike bis zur Gegenwart einlädt (hinter dem Family Fun Center, im Ort ausgeschildert, Tel. 22410 86291, tgl. 9–21 Uhr).

Echt gut!

Verkehr

Bus: Von und nach Rhodos-Stadt ca. alle 30 Min. Es gibt zwei Busstopps: am Hauptplatz und an der Schnellstraße (Lindos Highway).

Hotels

- **Esperos Village**
Tel. 22410 84100
www.esperos-village.com
Am Berghang gelegenes, beliebtes Hotel im mediterranen Stil mit Panoramablick. 210 Zimmer, zwei Pools. ●●●
- **Faliraki Beach**
Tel. 22410 85301
www.faliraki-beach.de
Luxushotel direkt am Hauptplatz des Orts, aber doch recht ruhig. Wer sich ins Nachtleben stürzen will, ist hier richtig. 330 Zimmer, großer Pool. ●●●

Apartmenthaus Nostalgia
Tel. 69422 40076
www.nostalgiasuites.com
Echt gut! Geräumige, **im traditionellen rhodischen Stil eingerichtete Apartments** mit Balkon und Klimaanlage im ruhigeren Süden Falirakis. ●●

Echt gut! Die schönsten Strände

- Feiner Sand und seichtes klares Wasser machen den kilometerlangen Sandstrand von **Faliraki** besonders für Familien mit Kindern attraktiv › S. 85.
- Zu Füßen des Klosterberges liegt der noch unverbaute Natursandstrand von **Tsambika,** in den Augen vieler Besucher der schönste der Insel › S. 90.
- Am feinsandigen **Agathi-Beach** nördlich von Charaki geht es selbst in der Hochsaison noch relativ beschaulich zu › S. 91.
- Einen schönen Blick auf die Akropolis bietet der kleine, flach ins Meer abfallende Sandstrand von **Lindos.** Kinder spielen und plantschen hier völlig gefahrlos › S. 98.
- Der kilometerlange Kieselstrand von **Ialisos/Trianda** ist dem Meltemi relativ ungeschützt ausgesetzt. Die frische Brise schätzen vor allem Surfer. Baden ist je nach Wind und Wellengang nicht ganz ungefährlich › S. 106
- Wer die Einsamkeit sucht, findet sie an den langen Stränden, die sich **südlich von Gennadi** erstrecken. Hier ist man selbst im Hochsommer bisweilen ganz alleine › S. 125.
- Der an der Südspitze gelegene Strand von **Prassonissi,** an dem oft eine steife Brise weht, ist ein beliebter Surfer-Treff. Bei Windstille lässt es sich hier jedoch bestens baden › S. 127.

Restaurants

Ilios
Tel. 22410 86700
Am Strand, unmittelbar neben dem Hotel Calypso
Beliebtes Restaurant in schöner Strandlage, das griechische Spezialitäten, köstliche Pizzen und vegetarische Gerichte auf der Speisekarte hat. ●●

Taverne Maria
Am Strand, nahe der Kapelle
Familienbetrieb, der frische Produkte der Region liebevoll zubereitet. Gute Fischgerichte. ●●

Ladiko-Bucht 5

Die enge, felsige Bucht liegt etwa 3 km südlich von Faliraki beim Dorf Ladiko. Wer dem Trubel von Faliraki einmal entfliehen möchte, ist hier richtig, wenngleich im Hochsommer ebenfalls jedes Plätzchen besetzt ist (Sonnenschirm- und Liegenverleih, kleine Taverne). Noch ruhiger geht es am kleinen Kiesstrand der nahe gelegenen felsgesäumten **Anthony-Quinn-Bucht** zu, **die ein Paradies für Schnorchler ist.** Der Name erinnert an den großen Schauspieler Antony Quinn, der hier einst zu Filmaufnahmen für die »Kanonen von Navarrone« weilte und die Bucht von der Junta gleich geschenkt bekam. Eine Entscheidung, die später von der demokratischen Regierung rückgängig gemacht wurde. Der Besitzer des Selfservice-Restaurants oberhalb der Bucht hält anhand von Fotos und Erzählungen die Erinnerung an Anthony Quinn und die Dreharbeiten wach.

Karte Seite 80

Afandou 6

Die schneeweißen Häuser von Afandou (1500 Einw.) sind vom 2,5 km entfernten Meer aus nicht zu erkennen. Daher auch der Ortsname, der sich von *afantos* ableitet, was so viel wie verborgen, unsichtbar bedeutet. Vom Massentourismus ist das ehemalige Zentrum der Teppichknüpferei auch in der Tat verschont geblieben, wenngleich es im Sommer in den Tavernen und Cafés recht lebhaft zugeht. Sehenswert ist das kleine **Heimatmuseum** an der Platia, direkt neben dem frei stehenden Glockenturm der aus italienischer Zeit stammenden Kirche.

Am langen Kiesstrand von Afandou lohnt ein Besuch der **Katholiki-Kapelle,** die im 12. Jh. in die Ruine einer frühchristlichen Basilika hineingebaut wurde. Von der alten Kirche sind noch der Mosaikfußboden und in die Mauer eingelassene Bauteile erhalten. In der Nähe befindet sich auch der Golfplatz der Insel › S. 21.

Verkehr

Bus: Nach Rhodos-Stadt und Lindos von der Hauptstraße alle 30 Min., von Rhodos-Stadt nach Afandou (zur Platia) etwa stdl.

Hotel

Lippia Hotel Golf Resort
300 m vom Strand
Tel. 22410 52007
www.rodos.com/lippia
Großes modernes All-inclusive-Hotel mit 228 Zimmern, Schwimmbad, Tennisplatz und Specials für Golfer. ●●●

Restaurants

■ **Michalitsa**
Nahe Dorfplatz an der Zufahrtstraße
Traditionstaverne mit guten Regionalgerichten und schönen Plätzen auf der Veranda und im Garten unter Zitronenbäumchen. ●●

■ **Reni**
An der Strandstraße von Afandou nach Kolimbia
Beliebtes Strandrestaurant, bekannt für frischen Fisch und Meeresfrüchte. ●●

Psinthos 7

In einem grünen Tal liegt der kleine Ort Psinthos, den man durchfährt, wenn man von der Ostküste einen Ausflug ins Schmetterlingstal Petaloudes › S. 111 macht. In Psinthos lieferten sich 1912 Italiener und Türken erbitterte Kämpfe, die mit dem Sieg der Italiener endeten. Damit war das Ende der osmanischen Herrschaft auf Rhodos eingeläutet.

Noch immer besitzt der verträumte Ort einen geradezu dörflichen Charme. An der großen Platia laden mehrere Tavernen und Cafés zum Verweilen ein.

Restaurant

■ **Smaragd**
Eine der besten Tavernen des Ortes. Serviert wird die ganze Bandbreite griechischer Gerichte. Viele Einheimische sind Stammgäste, was stets ein gutes Zeichen ist. ●

■ **Pigi Fassouli**
Zauberhafte urige Taverne am östlichen Ortsausgang. Köstliche Lamm- und andere Fleischgerichte, die man unter einer uralten Platane genießt. ●

Echt gut!

*Kolimbia 8

Eine 3 km lange Eukalyptusallee führt schnurgerade von der Schnellstraße zum Kolimbia Beach. Obwohl die Strandebene mittlerweile von zahlreichen, besonders von deutschen Gästen gebuchten Hotelneubauten geprägt ist, geht es hier immer noch ruhiger zu als in Faliraki. In den letzten Jahren haben jedoch viele Hotels auf All-inclusive-Angebote umgestellt › Exkurs S. 22 – mit eindeutig negativen Folgeerscheinungen für die örtliche Gastronomie.

Kolimbia besitzt zwei Buchten: Bei der südlichen handelt es sich um eine offene Sandbucht, die rasch ins offene Meer abfällt. Hier wird im Sommer eifrig Wassersport betrieben. An der nördlichen Bucht bei der Taverne To Nisaki gibt es Felsen und Flachwasser – ideal für Familien mit kleinen Kindern.

Stausee in Epta Piges

Verkehr

Bus: nach Rhodos-Stadt 12 x tgl.

Hotel

Lydia Maris
Tel. 22410 56294
www.lydiamaris.gr
Ausgedehnte Ferienanlage mit mehreren Häusern und Bungalows; schöner Poolbereich, Sauna, Fitnessbereich, Diskothek. ●●●

Restaurants

- **Limanaki**
Oberhalb des Strandes über der Südbucht
Besonders schön zum Sonnenuntergang. Spezialität: Fischgerichte. ●●
- **Estiades**
Nahe Hotel Marianna Palace
Rustikale Taverne mit gutem Angebot, der freundliche Wirt ist in Deutschland aufgewachsen und weiß, was seine Gäste wünschen. ●●

Ausflüge von Kolimbia

*Epta Piges 9

Die »Sieben Quellen« liegen 4 km landeinwärts **schattig kühl im grünen Wald.** Kein Wunder, dass dieser Platz der Sage nach ein Lieblingsaufenthalt der Nymphen war. Heute sitzt man in einem einfachen Waldlokal an einem plätschernden Bach unter dem dichten Laubdach uralter Platanen, durch das kein Sonnenstrahl dringt. Pfauen stolzieren an den Tischen vorbei und der angrenzende Pinienwald verströmt einen herrlichen Duft.

Den kleinen **Stausee** der »Sieben Quellen« erreicht man entweder durch einen 150 m langen und 1,70 m hohen **Tunnel,** in dem man durch knöchelhohes Wasser watet, oder trockenen Fußes auf einem über den Hügel führenden Pfad. Während des Spaziergangs entdeckt man einige seltene Orchideenarten oder die geheimnisvolle Mandragora mit ihren hellblauen Blüten und dicken gelben Früchten (im Spätsommer). Ihrer Wurzel, der Alraune, wurden im Mittelalter Zauberkräfte nachgesagt. Epta Piges zieht im Sommer Massen von Menschen an.

Archipoli 10

Rund 7 km westlich von Epta Piges liegt im Lutanis-Tal **das ursprüngliche Dorf Archipoli,** für die meisten Touristen nur Durchgangsstation auf dem Weg zur Westküste. Seit 2007 aber besitzt Archipoli ein sehenswertes kleines **Privatmuseum,** das mit den dörflichen Traditionen, Lebens- und Arbeitsbedingungen der Dorfbewohner um 1900 bekannt macht. Es liegt im Zentrum, nahe der Kirche (Eintritt frei). Doch schon bevor man den Ort erreicht, liegt linker Hand eine weitere Sehenswürdigkeit: die neue Kirche **Agios Nektarios** (› Bild S. 6/7), deren Innenraum nahezu vollständig mit sehenswerten Fresken ausgeschmückt ist. Vor der Kirche steht eine uralte Platane mit ausgehöhltem Stamm, in den man hineinklettern kann.

Eleousa 11

4 km Fahrt trennen Archipoli von Eleousa, wo die Kolonialbauten der Italiener den Blick auf sich ziehen. 1943, kurz vor dem Ende ihrer Herrschaft, legten die Italiener noch die vollkommen überdimensionierte Platia an. Hier wähnt man sich auf einer oberitalienischen Piazza. Vis-à-vis der Kirche steht der ehemalige Gouverneurspalast. Am Ortsrand ist das aus dem 15. Jh. stammende Einraumkirchlein ***Panagia Eleousa** mit naiven, volkstümlichen Wandmalereien aus dem 17./18. Jh. von Interesse. Von Eleousa ist es nur ein Katzensprung zu der sehenswerten Kirche Agios Nikolaos Fountoukli › S. 116.

4 **Tsambika 12

Eine schmale, steile Straße windet sich hinauf auf den Berg Tsambika (326 m). Oben thront die kleine schmucklose **Wallfahrtskapelle Kira Tsambika,** deren Muttergottes (Panagia) wundertätig sein soll. Der Volksmund erzählt, dass Frauen, die sich ein Kind wünschen, schwanger werden, wenn sie eine Nacht im Kloster verbringen. Die Jungen sollen dann Tsambikos und die Mädchen Tsambika heißen – das sind tatsächlich die häufigsten Vornamen auf Rhodos. Alljährlich am

Der Aufstieg auf den Tsambika wird mit einem herrlichen Blick belohnt

8. September findet im **neuen Tsambika-Kloster** und an der Kapelle eine Wallfahrt zu Ehren der Panagia statt. Dann beten Frauen um Kindersegen.

Die kurvenreiche Straße endet an einem Parkplatz neben einer Taverne; den zementierten steilen Treppenweg muss man zu Fuß (15 Min.) bewältigen. Entschädigt wird man durch den fantastischen Blick auf die Küste und den **schönen, noch völlig unverbauten Tsambika-Strand,** an dem nur eine Reihe von Strandtavernen auf Gäste wartet. Im Sommer wird es hier richtig voll.

Echt gut!

Restaurant

Panoramarestaurant Tsambika Psili
An der Hauptstraße, gegenüber vom Neubau des Klosters
Köstliches aus dem Holzofen, **mit herrlichem Blick auf das Kirchlein und den Strand.** Man vermietet auch einfache Studios. ●–●●

Echt gut!

*Archangelos 13 und Stegna 14

Archangelos (6000 Einw.), zu Deutsch »Erzengel«, ist bekannt für seine traditionelle Architektur, zu der die bunt bemalten Häuser und Tore zählen, die sich kontrastreich vom üblichen Weiß abheben. Zu finden sind sie allerdings nur in den alten Dorfvierteln rund um die **Michail-Archangelos-Kirche** mit dem durchbrochenen Glockenturm. Sie künden bis heute vom einstigen Wohlstand der Einwohner. Einen besonders schönen Blick auf den inmitten von Orangenhainen gelegenen Ort genießt man vom **Johanniterkastell** aus, das Großmeister Jacques de Milly 1457 gegen Piratenüberfälle errichten ließ.

Zwar sind in den letzten Jahren zahlreiche kleine Pensionen und Hotels rund um Archangelos ent-

Karte Seite 80

standen – dem Charme des Städtchens hat das aber keinen Abbruch getan. Bei einem Bummel stößt man auf typische Handwerksbetriebe. Archangelos ist bekannt für Keramik, Teppiche und Lederwaren, die hier noch immer in kleinen Familienbetrieben angefertigt werden. Weitere Töpfereien samt Werkstätten liegen an der Schnellstraße. Die Keramik ist dort zwar nicht billiger als anderswo, aber die Auswahl ist größer.

Archangelos ist Ausgangspunkt für abwechslungsreiche Wanderungen ins Inselinnere und an die Küste › S. 82.

Nach einer kurzen Fahrt durch imposante Felslandschaft erreicht man die Küstensiedlung **Stegna** mit kleinem Fischerhafen, hübschem Sand-Kies-Strand, preiswerten, guten Tavernen und einigen Pensionen und Hotels. Auch in Stegna gibt es im Sommer ein großes Angebot an Wassersportmöglichkeiten.

Verkehr

Bus: Nach Rhodos-Stadt und Lindos ca. alle 30 Min.; ab Stegna Beach gegen 8.45 Uhr nach Rhodos.

Hotels

- **Kalimera Porto Angeli**

Tel. 22440 24001
www.calimera.com
Am Südende der Stegna-Bucht, im griechischen Stil erbaut; mit Miniclub für Kinder, Theater, Diskothek, großem Sportprogramm. ●●●

- **Antonios**

Tel. 22440 22280
www.urlaub-auf-rhodos.de
Familiäres Apartmenthaus am Strand von Stegna mit 8 Studios, 2008 gründlich renoviert. Der Besitzer Antonios spricht gut Deutsch und vermietet auch mehrere Villen. ●

Restaurants

- **Taverne Hellas**

Im Ortszentrum von Archangelos
Urige Taverne mit überdachter Terrasse. Klassische griechische Küche, liebevoll zubereitet. ●●

Echt gut!

- **Stegna Koza's**

Am Stegna Beach
Tel. 22410 22632
Sehr gut geführte Taverne direkt am Strand mit traditionellen Köstlichkeiten. Für die leckere Hausmannskost werden nur beste Zutaten von rhodischen Bauern verwendet. ●●

Shopping

- **Dakas**

An der Ostküstenstraße (Tankstelle)
Tel. 22440 23442
Große Auswahl an Keramiken, schöne rhodische Teller.

- **Sarikas**

An der Zufahrtstraße in den Ort
Tel. 22440 22207
Handgeknüpfte Teppiche in den unterschiedlichsten Designs.

Charaki 15

Zu Füßen der verfallenen Byzantinerfestung ***Feraklos** liegt an einer kreisrunden Bucht das einstige Fischerdorf Charaki, heute ein reizender kleiner Badeort mit hübschen Cafés und Tavernen. Am feinkieseligen Strand geht es noch durchaus gemächlich zu. Unterkunft findet man in Studios

Echt gut!

Karte
Seite 80

und kleinen Hotels. Lohnend ist ein kurzer Spaziergang zu den Ruinen der mittelalterlichen Burganlage. Die Kreuzritter unterhielten hier oben ein Gefängnis, in dem u. a. solche Ritter kaserniert wurden, die gegen die Ordensregeln verstoßen hatten. Viel ist nicht mehr erhalten, aber der Blick über die Bucht bis nach Lindos ist traumhaft.

Kein Geheimtipp mehr, aber auch noch nicht überlaufen ist

Echt gut!

der schöne, feinsandige Agathi Beach (Strandtaverne, Sonnenschirmverleih), zu dem man vor dem Kastell Feraklos links abbiegt. Er verdankt seinen Namen der oberhalb der Bucht in den Fels gehauenen **Höhlenkirche Agia Agathi** mit Fresken aus dem 12.–16. Jh.

Typisch für Lindos: verwinkelte Gassen mit Kieselmosaiken

Hotel

Joanna

Am Ende der Bucht in zweiter Reihe
Tel./Fax 22440 51031
joannastudios@yahoo.gr
Ein junges griechisches Paar vermietet geräumige Zimmer mit Kühlschrank, Spüle, Kochgelegenheit. Sehr ruhig, einige Zimmer mit Blick auf die Bucht. ●

Restaurants

■ **Argo**

Auf den Klippen am Ende der Bucht
Fischtaverne, die unter Feinschmeckern einen guten Ruf genießt. ●●

■ **Kapetanios**

In der Mitte der Bucht
Sofokles bemüht sich, seine Gäste mit griechischen und internationalen Gerichten zu verwöhnen. Verwendung finden nur frische Zutaten. Guter Hauswein, freundliche Bedienung. ●

5 **Lindos 16

Schöner kann ein Dorf nicht liegen. Die Häuser von Lindos (1200 Einw.), 49 km südöstlich von Rhodos-Stadt, erstrecken sich inmitten einer Küstenlandschaft, deren schroffe Felsenberge eine passende Kulisse für den einzigartigen Ort abgeben: In einem weiten Bogen ziehen sich die schneeweißen kubischen Häuser des Dorfes auf einer Landzunge zwischen zwei Buchten und unterhalb des kargen Burgfelsens hin, auf dem, von mittelalterlichen Ritterbauten eingefasst, die Akropolis hoch über dem Meer thront. Von der Platia Eleftherias führt eine schmale Gasse in das über Jahrhunderte gewachsene Labyrinth der Häuser, das längst unter Denkmalschutz steht. Im Sommer herrscht in den engen, verwinkelten Gassen hektisches Treiben. Ganze Busladungen kämpfen sich in der Sonnenglut den Fußpfad zur Akropolis hinauf. Wer irgend kann, sollte früh am Vormittag oder abends kommen. **Nach Sonnenuntergang durch die beleuchteten Gassen zu bummeln,** ist ein besonders schönes Erlebnis. Dann erschließt sich der Zauber der mythischen Landschaft, und man versteht, warum dieser Ort niemals aufgegeben wurde: Als einzige der drei antiken Städte ist Lindos bis heute bewohnt.

Einen Pauschalurlaub kann man in Lindos übrigens nicht buchen. Es stehen jedoch einfache Zimmer und Studios in restaurierten alten Dorfhäusern zur Verfügung, die man aber wegen ihrer begrenzten Zahl unbedingt im Voraus buchen sollte.

Stadtgeschichte

Dass Lindos schon sehr früh ein mächtiges und reiches Seefahrer- und Handelszentrum werden konnte, verdankte es seinem großartigen Naturhafen, der heute einen der schönsten Strände der Insel umschließt. Das in der Antike geflügelte Wort »Zehn Rhodier – zehn Schiffe« bezog sich auf die lindischen Seefahrer, deren berühmte Boote in eigenen Werften gebaut wurden. Lindos trieb nicht nur mit allen Ländern des Mittelmeers Handel, sondern es gründete auch Kolonien in Unteritalien und auf Sizilien.

Schon bald hatte Lindos die beiden anderen Stadtstaaten – Kamiros und Ialisos – überflügelt, auch weil Lindos das wichtigste Heiligtum besaß, die Kultgrotte der Athena Lindia. Im 6. Jh. v. Chr. wurde der Göttin Athena Lindia ein Steintempel errichtet, der zu den frühesten Griechenlands zählte.

Ende des 5. Jhs. schlossen sich die drei Stadtstaaten aus Verteidigungsgründen zusammen und gründeten gemeinsam die Stadt Rhodos. Damit verlor Lindos zwar seine politische Unabhängigkeit, besaß aber immer noch erhebliche Bedeutung im kultischen Bereich. So wurde der Athena-Lindia-Tempel im 3. Jh. v. Chr. zu einer der großartigsten repräsentativen Tempelanlagen der hellenistischen Zeit erweitert.

Der Niedergang der Stadt setzte mit der Römerherrschaft ein, der Glanz des Athena-Heiligtums erlosch. Aus der byzantinischen Zeit ist über Lindos nur wenig bekannt, aber auf dem Akropolisfelsen wurde ein Kastell errichtet. Diese Burg bauten die Johanniter später zu der imponierenden Festung aus, die man heute sieht. Die Lindier knüpften wieder an ihre lange Seefahrertradition an, vor allem im 17. Jh., als sie mit osmanischen Freibriefen Handel treiben konnten. Damals entstanden die prachtvollen mehrstöckigen Kapitänshäuser, die heute noch beeindrucken.

Akropolis von Lindos: Antike Säulen und grandiose Ausblicke

Die **Akropolis von Lindos

Das Heiligtum liegt hinter der mittelalterlichen Umwallung und dem Gouverneurspalast der Ritterburg. Zunächst gelangt man auf eine kleine Plattform mit der aus dem Felsen gehauenen berühmten ****Exedra von Lindos** Ⓐ, die **ein außergewöhnlich schönes Felsrelief** schmückt. Es stellt das Heck einer Triere, eines leichten Kriegsschiffes, dar – ein Indiz für den hohen Rang, den die Seefahrt bei den Lindiern seit jeher einnahm. Aus einer Inschrift geht hervor, dass es sich um ein Werk des bedeutenden Bildhauers Pythokritos (Anfang des 2. Jhs. v. Chr.) handelt, der eine große Bildhauerwerkstatt in Rhodos besaß und der auch die Nike von Samothrake › S. 35 geschaffen haben soll. Das Denkmal stifteten die Lindier dem Admiral Hagesandros, dessen Statue wohl einst auf dem kleinen Basisvorsprung in der Mitte der Exedra stand.

Echt gut!

Ein steiler Treppenaufgang führt hinauf zum **Portal der Ritterburg** Ⓑ, die entweder unter Großmeister Antoine Fluvian (Amtszeit 1421–1437) oder Pierre d' Aubusson (Amtszeit 1476–1503) erbaut wurde; beider Wappen sind über einem Fenster des Kommandantenhauses angebracht. Links an der Burgmauer erkennt man noch den Verlauf der antiken Treppe.

Ein mit Spitzbogengewölben überspannter Turmgang verbindet den Treppenbau mit dem Kommandantenhaus, das als Burgmuseum für zahlreiche Statuensockel dient.

Dann kommt man zur ersten großen Terrasse, auf der eine weitere kleine Exedra (3. Jh. v. Chr.) mit der Statue des Pamphilidas, eines Priesters aus Athen, stand. Erkennbar sind noch Fundamente eines römischen Tempels für den Kaiserkult.

Propyläen und Tempel

Über eine Treppe betritt man die große, 87 m lange und 9 m tiefe **dorische Säulenhalle** Ⓒ (um 200 v. Chr.). Von ihren einst 42 Säulen stehen noch 20 aufrecht. Sie war einst nach hinten geschlossen, doch hinter den acht mittleren Säulen wurde die Rückwand weggelassen, damit der Blick auf die **grandiose, zu den Propyläen hinaufführende Freitreppe** offen blieb. Diese Freitreppe ist 21 m breit und hat 34 Stufen, die einen Höhenunterschied von fast 5,5 m bewältigen. Sie stammt ebenso wie die anschließenden Propyläen, von denen leider nur die Fundamente erhalten sind, aus dem 4. Jh. v. Chr.

Echt gut!

Der dorische ****Tempel der Athena Lindia** Ⓓ auf der obersten Terrasse wirkt im Vergleich zu

Ⓐ Exedra von Lindos
Ⓑ Portal der Ritterburg
Ⓒ Dorische Säulenhalle
Ⓓ Tempel der Athena Lindia

Teil der dorischen Stoa auf der Akropolis von Lindos

den pompösen Treppenanlagen klein und bescheiden. Dass er gerade an dieser Stelle, am höchsten Punkt des steil abfallenden Felsplateaus, errichtet wurde, war zum einen durch den Standort der direkt darunter liegenden uralten Kultgrotte bedingt, zum anderen sollte er von allen Seiten des Meeres her gesehen werden. Der Tempel gilt als schönes Beispiel für die geschickt inszenierte Dramatik hellenistischer Bauten. Durch eine Säulenhalle verdeckt, lag er sozusagen im verdunkelten Teil der »Theaterbühne«; blickte der Betrachter dagegen hinter sich, eröffnete sich ihm durch die Säulen der Stoa hindurch ein weiter Blick über die Landschaft zu Füßen des Burgberges. Heute hat man von der Tempelterrasse aus einen **überwältigend schönen Blick auf die Dächer von Lindos** und auf die Buchten unterhalb des Burgfelsens.

Die Akropolis ist im Sommer tgl. 8–19.40 geöffnet. Der Weg ist zwar nicht allzu beschwerlich, aber da die Stufen glatt sind, sollte man feste Schuhe anziehen. Man kann auch mit dem Esel hinaufreiten (5 €). Am Fußweg zur Kasse bieten lindische Frauen **selbst bestickte Tischdecken und Lochstickereiarbeiten** zum Kauf an.

Das **Dorf Lindos

Der über Jahrhunderte harmonisch gewachsene Ort entspricht fast als einziger auf Rhodos der typisch griechischen Postkartenidylle. An schmalen, steingepflasterten Gassen reihen sich Bürger- und Kapitänshäuser, viele aus dem 17. Jh., als die alte Seefahrertradition wieder auflebte › Exkurs S. 97. Anders als in anderen Küstenorten baute man schon damals städtisch: Die meisten Häuser sind dreistöckig und nicht die üblichen eingeschossigen Katen.

Die **Panagia-Kirche** im Zentrum dürfte im 14. Jh. entstanden sein. Unter Großmeister Pierre d' Aubusson wurde sie 1490 restauriert. Im Inneren der Kreuzkuppelkirche bilden die Fresken von Gregorios von Simi (um 1780) einen bunten Bilderteppich. Sie stellen die Schöpfungsgeschichte dar und – eine Seltenheit – in einem 24-Bilder-Zyklus den sog. Akathystos-Hymnus auf die Gottesmutter, einen Lobgesang in 24 Strophen (von Alpha bis Omega, nach den 24 Buchstaben des griechischen Alphabets). Der Marienhymnus, der im Stehen gesungen wird – daher der Name *Akathystos*, d. h. »nicht niedergesetzt« –, beginnt im Südschiff, verläuft über das Westschiff und endet im Nordschiff. (tgl. 9–15, 16.30–18 Uhr). Den Marienhymnus hört man nur bei den Freitagsmessen in der Passionszeit, der vier Wochen dauernden Fastenzeit vor Ostern. Angeschlossen ist ein kleines Kirchenmuseum (ab Mai tgl. 9–15 Uhr).

Erwähnenswert ist auch die Kapelle ***Agios Georgios Chostos,** die aus dem 8. oder 9. Jh. stammt und damit **die älteste byzantinische Kirche der Insel** sein dürfte. Echt gut!

Die Kapitänshäuser von Lindos

Die wohlhabenden Schiffsherren nahmen sich für den Bau ihrer prächtigen Häuser die Ritterarchitektur in Rhodos-Stadt zum Vorbild, in der Türkenzeit kamen unverkennbar orientalische Einflüsse hinzu: Die Ornamente beschränken sich nicht nur auf Tür- und Fensterumrahmungen, sondern gliedern oft ganze Hauswände. Der gotische Spitzbogen, von mehreren Flechtbändern umrahmt, weitet sich zu einem annähernd maurischen Bogen. Über den Portalen entdeckt man häufig ein im Türbalken eingekerbtes Kreuz, das an den Johanniterorden erinnert. Wunderschön sind die meist in schwarzweißem Kieselmosaik *(kochlaki)* gepflasterten Innenhöfe, denen in Töpfen gepflanzte Bäume und Blumen Gartencharakter verleihen. Im Sommer sind sie der Hauptaufenthaltsort der Familien, so etwas wie ein Wohnzimmer im Freien und damit ein Spiegelbild mediterraner Wohnkultur und Lebensart. Vom Innenhof betritt man die *sala*, die Empfangsraum und zugleich Schlafraum der Familie war. Ihre Wände sind gewöhnlich mit den berühmten lindischen Keramiktellern und mit kunstvollen Stickereien und Webarbeiten dekoriert. In einer Ecke des Raums hing das »Sperberi«, ein in leuchtenden Farben bestickter Vorhang, der das Bett verhüllte. Viele dieser kostbaren Handarbeiten sind im Volkskunstmuseum in Rhodos-Stadt ausgestellt › S. 52. Abgetrennt vom übrigen Haus war das »Kapitänszimmer«, das sich auf dem Eingangsturm über der Straße erhob.

Eines der alten Kapitänshäuser (hinter der Marienkirche rechts auf die Hauptgasse abbiegen) kann man von innen besichtigen (unregelmäßig geöffnet).

Interessant ist die Einraumkirche in erster Linie wegen ihrer anikonischen Fresken aus der Zeit des Bilderstreits (726–780, 815–843), als es gotteslästerlich war, Christus und die Heiligen bildlich darzustellen. Neben Fresken aus anderen Epochen, darunter einer auch farblich herausragenden Darstellung von fünf Heiligen (12. Jh.), sind verschiedene Kreuzsymbole, Schiffe, Fische sowie florale Motive zu sehen.

Theater und Paulus-Bucht

Vom **Theater** (4. Jh. v. Chr.) am Südwesthang der Akropolis, das rund 2000 Zuschauer fassen konnte, sind nur spärliche Reste erhalten. In der Nähe wurde die Lindische Tempelchronik gefunden, die in Stein gemeißelt Auskunft über die Weiheschätze des lindischen Heiligtums gab, darunter solche von vorgeschichtlichen Helden wie Minos, Herakles, Menelaos und der schönen Helena sowie historischen Persönlichkeiten wie Alexander dem Großen oder Pyrrhus.

In der kreisförmigen, fast vollständig von Felsen umschlossenen **Paulus-Bucht** soll der Apostel im Jahr 51 n. Chr. auf seinem Weg nach Palästina Schutz vor einem Sturm gesucht haben. 1951 errichtete man hier zu seinen Ehren die Agios-Pavlos-Kapelle. Auch die Paulus-Bucht besitzt zwei Strände, die aber winzig klein und nicht so schön sandig sind wie **der einige hundert Meter lange Ortsstrand.**

Echt gut!

Auf einem knapp einstündigen, aber schattenlosen Spaziergang rund um die Paulus-Bucht erreicht man das **Kleoboulos-Grab** – eines der vielen Gräber, die man auf Lindos gefunden hat. Es steht auf einer niedrigen Felszunge an der nördlichen Hafeneinfahrt. Der schlichte Rundbau aus hellenistischer Zeit steht jedoch in keiner Beziehung zu dem lindischen Weisen; vermutlich war er das Grabmal einer reichen Familie. In christlicher Zeit wurde es in eine Kapelle umgewandelt.

Info

- **Touristenkiosk**

Am Hauptplatz vor dem Dorf

- **Pallas Travel**

Odos Akropoleos][Tel. 22440 31494
www.pallastravel.com
Infos zu Unterkünften. Hotels findet man im Badeort Pefki (4 km) und an der Vlicha-Bucht (3–5 km).

Verkehr

- **Bus:** Tgl. alle 30 Min. nach Rhodos-Stadt, stdl. Richtung Lardos–Kiotari.
- **Parken:** Am besten parkt man auf dem (gebührenpflichtigen!) Parkplatz, 200 m hinter dem Busparkplatz. Wer früh kommt, kann es auch auf dem Strandparkplatz versuchen (Gebühr).

Hotels

- **Lindos Mare**

Vlicha][Tel. 22440 31130
www.greekhotel.com/dodecane/rhodes/lindos/lindosmare
Ruhig am Hang über der Vlicha-Bucht gelegen, mit hellen, mediterran eingerichteten Zimmern. Health Spa mit Türkischem Bad, Massage-Studio. ●●●

Karte Seite 80

■ **Melenos**
Tel. 22440 32222
www.meneloslindos.com
Zauberhaftes Altstadthotel, das historisches Ambiente mit modernem Komfort verbindet. 12 individuell gestaltete Zimmer. ●●●

■ **Stadthäuser**
www.lindos-holiday.com
Ein besonderer Luxus ist die Anmietung eines der traditionellen lindischen Stadthäuser, die pro Woche mit 2000 € und mehr zu Buche schlägt (maximale Belegung 6 Personen). In einigen Häusern gibt es auch Zimmer und Apartments. **Zu den schönsten Villen zählt das Lindian Mansion.** ●●●

Restaurants

■ **Agostino's**
Tel. 22440 31218][Am Ende der Hauptgasse Richtung Pefki
Etwas abseits, dafür mit grandiosem Burgblick von der Dachterrasse. Gute griechische Küche, empfehlenswert sind die Vorspeisen. ●●

■ **Caesar's**
Tel. 22440 31410][An den Stufen zur Akropolis, nahe Kapitänshaus
Auf einer herrlichen Dachterrasse mit beleuchtetem Pool und Panoramablick genießt man die mediterrane Küche oder trinkt einfach nur einen Kaffee. ●●

■ **To Kamapiko**
Tel. 22440 31339][Hauptgasse
In dem 2008 eröffneten romantischen Restaurant werden die Klassiker der griechischen Küche serviert – stets frisch und liebevoll zubereitet. Man speist in einem lauschigen Innenhof oder auf einer Panoramaterrasse. ●●

Nightlife

Viel besucht ist der **Amphitheatre Nightclub** an der Küstenstraße, ca. 1 km vor Lindos (**www.amphitheatreclublindos.com,** tgl. ab 20 Uhr). Von der weiten, stilvollen und ganz in Weiß gehaltenen Terrasse genießt man einen überwältigenden Panoramablick auf die angestrahlte Akropolis von Lindos vis-à-vis. Tolle Musik, gute Cocktails.

Caesar's, eines der vielen hübschen Restaurants mit Dachterrasse

Karte Seite 80

Im Zentrum von Lindos lockt die stimmungsvolle **Zouk Dance Bar**, die in einer ehemaligen Olivenpresse untergebracht ist (tgl. ab 21 Uhr). Eines der schönsten und ältesten Kapitänshäuser (1652) beherbergt heute die **Captains House Bar** (am Weg zur Akropolis) mit wunderbarem Blick.

6 Ausflug zum **Kloster Thari 17

Echt gut!

Über Lardos und Laerma erreicht man Moni Thari, **ein byzantinisches Kleinod.** Die mitten in der Waldeinsamkeit errichtete Anlage ist von Mönchen bewohnt, die die Kirche offen halten, aber auch einen religiösen Radiosender betreiben und Taufen für Europäer organisieren, die in den Schoß der wahren Kirche zurückkehren wollen. Meist hat man aber den Klosterhof ganz für sich allein. Gegründet wurde das Kloster durch eine dem Tod geweihte byzantinische Prinzessin, die hier von ihrer Krankheit genesen war. Aus Dankbarkeit ließ sie ihrem Schutzpatron, dem Erzengel Michael, diese Anlage erbauen. Kuppel und Wände der Kirche sind vollständig mit Fresken ausgeschmückt (teils 14. Jh., großteils 16. und 17. Jh.). Die in dunklen Farben gehaltenen Wandmalereien, die Szenen aus dem Alten und Neuen Testament zeigen, verraten Einflüsse der »kretischen Schule«. Einige der spartanischen Zellen werden als Gästezimmer vermietet. 2008 wütete ein verheerender Waldbrand im Süden der Insel, die Flammen schlugen bis an die Mauern des Klosters, das zum Glück unbeschädigt blieb.

Lardos 18

Lardos hat sich in den letzten Jahren zu einem lebhaften Touristenörtchen entwickelt. Am Hauptplatz lockt gleich eine ganze Reihe netter Tavernen. Die meisten Besucher aber beziehen an der 3 km entfernten, größeren Hotelzone an der Küste Quartier. Der Strand am **Lardos Beach** besteht aus recht groben Kieseln, sandiger wird es aber weiter nördlich Richtung Pefki.

Eine Alternative zum Strand von Lardos ist die sandige, flach abfallende **Glistra Bay** 19 ein Stück südlich. Hier gibt es noch keine Hotels, eine Kantine sorgt für das leibliche Wohl.

Hotel

Sunny Village
Am Strand außerhalb von Lardos Richtung Pefki oberhalb der Straße
Tel. 22440 44203
Weitläufige All-inclusive-Anlage mit Miniclub für Kinder, bei Pauschalbuchung gutes Preis-Leistungs-Verhältnis. Auch Apartments und Studios. ●●

Restaurants

■ **Louka's Estiatorio**
Nahe Hauptplatz][Tel. 22440 44304
In einer alten italienischen Villa mit Gartenterrasse wird traditionelle und gute griechische Küche serviert. ●●

■ **Valentina's**
Direkt am Dorfplatz
Tel. 22440 44223

Das Lokal ist berühmt für seine fantasievolle griechische Küche; ein weiterer Trumpf ist die große Terrasse. ●●

Ausflug zum Kloster Ipseni 20

4 km nordwestlich von Lardos befindet sich das sehenswerte Moni Ipseni, das seit einigen Jahren wieder von Nonnen bewohnt wird. Die Kirche selbst stammt aus dem Jahr 1855, die anderen Gebäude sind jüngeren Datums. Am 23. August wird hier ein großes Klosterfest gefeiert.

Kiotari 21

Hier befindet sich die südlichste Hotelzone an der Ostküste. Die vier großen und komfortablen Hotelanlagen, die weitgehend der Landschaft angepasst sind, sind alle erst in den 1990er-Jahren entstanden. In Kiotari kann man zwischen »All-in« und Nonstop-Animation einen durchaus erholsamen Urlaub verbringen. Am Strand gibt es einige Tavernen mit guter Auswahl an Speisen.

7 **Asklipio 22

Ein Anblick wie aus dem Bilderbuch: Rund 4 km im Landesinneren erstrecken sich die schneeweißen Häuser des Bergdorfes Asklipio zu Füßen der stark verfallenen **Johanniterfestung,** auf die man alleine der Aussicht wegen hinaufsteigen sollte. Wer anschließend die stillen Gassen von

Byzantinisches Kloster Thari

Asklipio durchstreift, wird so manches pittoreske Fotomotiv entdecken. Als schönste byzantinische Kirche der Insel gilt die Kreuzkuppelkirche ****Kimisis Theotokou,** die nach der Jahreszahl über dem Eingangsportal 1060 erbaut sein soll, der wahre Baubeginn dürfte aber früher gelegen haben. Betritt man den **gänzlich ausgemalten Innenraum,** so ist man überwältigt vom dargestellten Themenreichtum. Die Malereien stammen Stifterinschriften gemäß von 1646 und 1677, einige wurden 1923 übermalt. Neben der Kirche führt der Küster ein kleines **Kirchen- und Folkloremuseum** mit altem Bauerngerät, einer Olivenpresse und sakralen Gegenständen.

Echt gut!

Restaurant

Taverne Agapitos

Am Dorfplatz gegenüber der Kirche

Von der Terrasse überblickt man die idyllische Platia. Gute Auswahl an griechischen Speisen, es werden auch einige einfache Zimmer vermietet. ●

Die Westküste

Nicht verpassen!

- Sich beim Surfen vor Ialisos den Wind um die Nase wehen lassen
- Durch die Klosteranlage und die malerischen Ruinen von Filerimos streifen
- Im schattigen Petaloudes-Tal am Wasser picknicken
- Vom Kastro Kritinias hoch über dem Meer aus den Sonnenuntergang erleben
- Das Inselinnere erkunden – bei Wanderungen auf den Profitis Ilias und den Ataviros

Zur Orientierung

Rauer, windiger und längst nicht so lieblich wie die Ostküste präsentiert sich Rhodos' Westküste. Moderne Hotelbauten prägen den Küstenstrich südlich von Rhodos-Stadt, zwischen Ixia und Paradissi. Dank der kilometerlangen Strände ist hier eine kosmopolitische Ferienlandschaft entstanden, in der die Orte kaum noch voneinander zu trennen sind und wo sich einige der besten Hotels der Insel befinden, wie z. B. das Hotel Imperial in Ixia. Geschäftsleute schwärmen von den hervorragenden Tagungshotels, Familien von bester Kinderanimation und Wassersportler von den ultimativen Surfspots. Passionierte Surfer tummeln sich vor allem bei Ixia und Ialisos/Trianda, denn hier bläst der Meltemi mitunter besonders heftig. Gefahrloses Baden ist an manchen Tagen dann nur im hoteleigenen Swimmingpool möglich. Spätestens ab Kamiros Skala wird die Küste wilder, mit hohen, schroffen Felsrücken und steilen Vorgebirgen. Hinter jeder Straßenbiegung bieten sich hinreißende Ausblicke auf das tiefblaue Meer und die vorgelagerten kahlen Felseninseln.

Wer gerne wandert, wird an der Westküste wunderbare Ziele finden. Im Norden lockt das Schmetterlingstal Petaloudes, weiter südlich der waldreiche Profitis Ilias – und nicht zuletzt ist der karge, raue und einsame Ataviros ein fantastisches Ziel. Doch auch mit kulturellen Highlights ist die Westküste gesegnet: Bei Ialisos und Kamiros stößt man auf die Reste bedeutender antiker Städte, und ganz im Süden locken bei Monolithos die Reste einer Johanniterfestung. Weinliebhaber werden bei Embonas die Weinkellerei Emery besichtigen, Fischfans in Kamiros Skala fangfrischen Fisch genießen.

Hoch über der Westküste thront das Kastro Monolithos

Touren in der Region

Wanderung auf den Profitis Ilias

(10) Salakos › Profitis Ilias

Dauer: ca. 4 Std. hin und zurück

Praktische Hinweise: Anfangs ist der Weg ausgeschildert, später weisen rote Punkte den richtigen Pfad. Allerdings sind diese Markierungen durch Sonne und Regen oft verblasst oder überwuchert. Eine Wanderkarte ist hilfreich.

Botanisch Interessierte werden auf der Wanderung vielleicht Orchideen, Pfingstrosen und Veilchen entdecken, an sonnendurchfluteten Lichtungen bieten sich schöne Picknickplätze. Startpunkt ist die Platia von **Salakos** › S. 114. Von dort läuft man bergan (Richtung Embonas), bis man auf das Schild »Footpath« stößt, das nach links zeigt. Bei der nächsten Gabelung hält man sich rechts (auf Beschilderung achten). Kurz danach biegt man links auf einen Eselspfad ab, dem man eine Weile folgt, bis man in ein Kiefernwäldchen gelangt. Links zweigt ein breiter Weg ab, der zu den Hotels Elafos und Elafina führt, 1926 erbaute Gästehäuser der italienischen Verwaltung. War es in Rhodos-Stadt zu heiß, zog es den Gouverneur des Dodekanes hier hinauf. Heute kann man hier in einem Café verschnaufen, bevor man einen der Wege einschlägt, die zum Gipfel des ***Profitis Ilias** › S. 115 führen. Oben angekommen, genießt man die Fernsicht, bevor man sich wieder auf den Rückweg macht.

Für den Aufstieg zum 1215 m hohen Gipfel des Atavirosbraucht man gute Kondition

Ins antike Kamiros

(11) Kamiros Skala › Kamiros › Salakos › Embonas › Kamiros Skala

Dauer: Tagestour
Praktische Hinweise: Um dem Massenandrang in Kamiros zu entgehen, sollte man möglichst früh kommen, bevor die Reisebusse eintreffen. Für diese Tour ist ein Auto notwendig.

Etwa 14 km nördlich von **Kamiros Skala** › S. 117 liegt die beeindruckende Ausgrabungsstätte von ****Kamiros** › S. 112. Einem Amphitheater gleich erstrecken sich über mehrere Terrassen die Ruinen der hellenistischen Stadt, die neben Lindos und Ialisos zu den drei antiken Städten von Rhodos gehörte. Bis zu dem verheerenden Waldbrand 2008 war sie von einem duften Pinienhain umgeben. Für die Rückfahrt sollte man die Route durchs Landesinnere wählen. Bei Kalavarda erfolgt der Abzweig Richtung **Salakos** › S. 114, wo ein Stop lohnt: An der Platia befinden sich einige nette Tavernen, die gute Hausmannskost anbieten. Von Salakos sind es noch 17 km bis zum Weindorf ***Embonas** › S. 118, das inmitten des bedeutendsten Weinanbaugebietes der Insel liegt. Die Besichtigung der Weinkellerei Emery gehört zum Standardprogramm von Rhodos-Urlaubern. Wer Lust hat, bummelt anschließend durch den Ort, wo u. a. schöne Teppiche zum Verkauf angeboten werden (› Abbildung S. 119). Ein kleines Folklore-Museum informiert über historische Haushaltsgegenstände und landwirtschaftliche Geräte. Über das schneeweiße Bergdorf **Kritinia** › S. 118, das ebenfalls viel Atmosphäre besitzt, erreicht man nach insgesamt 18 km Fahrt wieder den kleinen Hafen von Kamiros Skala.

Umgebung von Kamiros Skala

(12) Kamiros Skala › Kastro Kritinias › Kritinia › Kloster Armatos › Kamiros Skala

Dauer: Tagestour
Praktische Hinweise: Wer kein Fahrzeug hat, kann diese Tour auch per Bus oder Taxi unternehmen. Für die Besichtigung des auf einem Felsen gelegenen Kastells (Kastro Kritinias) ist festes Schuhwerk ratsam.

Auf einem schroffen Felsklotz südlich von **Kamiros Skala** › S. 117 erheben sich die hervorragend erhaltenen Reste einer ehemaligen Johanniterburg. Man sollte zum **Kastro Kritinias** hinaufwandern (ca. 25 Min.) – der kleine Parkplatz unterhalb der Burg ist im Hochsommer oft voll. Vom Kastell, mit dessen Erbauung 1472 begonnen wurde, genießt man einen atemberaubenden Blick bis nach Simi und zum Ataviros – genau der richtige Flecken für ein kleines Picknick. Anschließend geht es wieder hinab und mit dem Auto weiter zum Bergdorf **Kritinia** › S. 118. Dort genießt man vom Café Milos (mit angeschlossenem kleinem Heimatmuseum, Eintritt frei) aus den fantastischen Panoramablick übers Meer, bevor man zur nächsten kleinen Wanderung aufbricht. Ziel ist das ca. 4 km südwestlich von Kritinia gelegene **Kloster Amartos** (ausgeschildert). Die ehemalige Klosteranlage, von der heute nur noch ein kleines Kirchlein existiert, birgt zwar keine kostbaren Schätze, doch der Weg dorthin führt an wunderschönen Olivenhainen vorbei durch Weingärten. Hin und zurück sollte man für den Spaziergang etwa 2,5 Stunden veranschlagen. Wer Lust hat, verbringt den Abend in Kritinia, einem urigen und noch ganz und gar authentischen Dorf. Von hier sind es 5 km bis Kamiros Skala.

Besteigung des Ataviros

(13) Embonas › Ataviros

Dauer: ca. 7 Std.
Praktische Hinweise: Diese Tour sollte man nur bei gutem Wetter und nie alleine unternehmen. Empfohlene Ausrüstung: eine lange Hose, festes Schuhwerk, Sonnenhut, Lunchpaket und ausreichend Trinkwasser. Am besten bricht man schon vor Sonnenaufgang auf, um den Aufstieg nicht bei Hitze bewältigen zu müssen.

Nur trainierte Bergwanderer sollten diese Tour auf den **Ataviros** › S. 119, den mit 1215 m höchsten Berg der Insel, unternehmen. Fels, Steine und loses Geröll lassen den

Aufstieg stellenweise zu einer Strapaze geraten. Im Frühling, wenn der ansonsten karge Berg von Blumenteppichen überzogen ist, ist der Aufstieg zweifellos am schönsten. Allerdings kann es dann passieren, dass das Wetter plötzlich umschlägt und Nebel aufkommt, bei dem man leicht die Orientierung verliert. Startpunkt ist das bekannte Weindorf ***Embonas** › S. 118. Wer nach ca. 3 bis 3,5 Std. den **Gipfel** erreicht hat, der einer Mondlandschaft gleicht und auf dem sich eine Radarstation befindet, wird mit einem fantastischen Rundumblick über die Insel belohnt. Spärliche Überreste eines **Zeus-Tempels** erinnern an die griechische Mythologie. So soll einst Althaimenes aus Sorge darüber, dass sich der Orakelspruch erfülle, demzufolge er seinen eigenen Vater Katreus ermorden werde, von Kreta nach Rhodos geflohen sein. Aus Dankbarkeit für die geglückte Überfahrt errichtete Althaimenes auf dem Ataviros einen Zeus-Tempel. Als Jahre später sein greiser Vater auf Rhodos eintraf, um seinem Sohn die Regentschaft über Kreta zu übertragen, hielt man ihn für einen Räuber. Althaimenes persönlich tötete seinen Vater. Er hatte ihn nicht erkannt.

Mehrere Wege führen wieder hinunter nach Embonas, darunter auch eine neue und zu weiten Teilen gut asphaltierte Straße, die das Weindorf mit der Radarstation auf dem Ataviros verbindet.

Unterwegs an der Westküste

Trianda/Ialisos 23

Ialisos hieß bis vor einigen Jahren noch Trianda (»Dreißig«), weil es hier insgesamt 30 Sommervillen aus der Zeit der Kreuzritter gegeben haben soll. Einige dieser Villen sind inzwischen renoviert worden. Das heutige Ialisos besteht aus einem höchst lebendigen Ort (links der Küstenstraße) und einer langen, dicht bebauten Hotelzone auf der Meerseite. Die meisten großen Hotels bieten All-inclusive-Service und sind nur pauschal zu buchen. Ialisos verfügt über einen schmalen Kiesstrand, das Meer gewinnt hier rasch an Tiefe. Am Strand beim Hotel Magic Life Golden Beach reihen sich etliche gute Tavernen aneinander › S. 107. Seit 2008 besitzt der Ort eine neue Sehenswürdigkeit: das **Stamatiadis-Museum,** das sich der Mineralogie und Paläontologie widmet. Bei dem Haus handelt es sich um eines von ganz wenigen Geologie-Museen Griechenlands. Ausgestellt sind Fossilien und Mineralien aus Griechenland und anderen Teilen der Welt (im Hotel Perla Marina, Leoforos Irakleidon 33, www.geomuseum.gr).

Karte Seite 80

Schilder im Ort verweisen zudem auf das neue **Bienenmuseum** in Pastida, das über Tradition und Geschichte der Imkerei informiert und im angeschlossenen Shop auch Honigerzeugnisse verkauft (Tel. 22410 48200, www.mel.gr, Mo–Sa 8.30–15 Uhr).

Hotel

Sea Melody
Ialisos Beach][Tel. 22410 91026
www.seamelody.gr
Aparthotel direkt am Strand nahe der Surfstation, für Surfer eine komfortable Adresse. ●●

Restaurants

- **Vrachos**
Strandpavillon der Italienerzeit, in dem man edel speist. Serviert werden Fisch, Hummer und Grillspezialitäten. ●●●
- **Kaliva**
Sehr gute Traditionsküche in einem hübschen alten Griechenhaus. ●●
- **Maestra**
Typisch griechisches Ambiente und familiärer Service. ●●

8 **Ialisos/ Filerimos 24

In der Antike war Ialisos, wo im 6. Jh. v. Chr. einer der berühmtesten Wettkämpfer der Antike, der Faustkämpfer Diagoras, lebte, die mächtigste dorische Stadt von Rhodos. Unter ihrer Führung wurde die neue Stadt Rhodos gegründet. Heute künden auf dem Filerimos-Berg nur noch spärliche Reste von der antiken **Akropolis:** Archäologen legten die Grundmauern eines Athena-Tempels und ein dorisches Brunnenhaus frei, das meiste schlummert noch unentdeckt unter der Erde. Dennoch lohnt die serpentinenreiche Fahrt durch duftende Pinienwälder auf den Filerimos (267 m) durchaus. In byzantinischer Zeit zogen sich Eremiten auf den Hügel zurück, die auf der Anhöhe beim antiken Tempelbezirk ein Kloster errichteten. Den abgeschiedenen Ort nannten sie *Filerimos,* »Freund der Einsamkeit«. Bis heute wird das Plateau von dem **stimmungsvollen byzantinischen Kloster** aus dem 10. Jh. dominiert, das häufig von Hochzeitspaaren zur Trauung ausgewählt wird und unzähligen Pfauen ein Refugium bietet.

Echt gut!

Bei der Eroberung soll Sultan Süleyman hier sein Hauptquartier gehabt haben. Italienische Archäologen restaurierten im frühen 20. Jh. die byzantinisch-ritterzeitliche Klosteranlage, in der sich wieder Franziskaner-Mönche ansiedelten; auch ein Kreuzgang wurde angelegt.

Das Kloster Filerimos in Ialisos

Rundgang

Vom Eingang führt eine Treppe hoch zur restaurierten **Ritterkirche** von Pierre d' Aubusson (Großmeister 1476–1505), in der noch heute geheiratet und getauft wird. Um den Innenhof schließen sich die heute unbewohnten italienischen Klostergebäude an. Vor der Kirche liegen die Reste eines **Tempels der Athena Polias** (Stadtbeschützerin, 3./2. Jh. v. Chr.). Das Taufbecken neben der Kirche ist der Rest einer dreischiffigen Basilika, im 5./6. Jh. aus antikem Baumaterial über dem Südteil des Tempels errichtet.

Links unterhalb des Tempels ist die kleine ***Kapelle St. Georg** halb in den Hang gebaut: Die Wandmalereien des tonnengewölbten Einraumkirchleins stammen noch aus der Ritterzeit (14./15. Jh.). Beim Altar erkennt man einen hl. Georg als Drachentöter. Auf der jeweils unteren Freskenreihe beidseits der Längswände ist dargestellt, wie die Johanniter von den Schutzheiligen ihrer Familien zu Rittern geschlagen werden. Etwas unterhalb des Plateaus befinden sich am Südhang die Baureste eines dorischen **Brunnenhauses** (300 v. Chr.; leider nicht zugänglich).

Vom Parkplatz aus führt eine Zypressenallee mit 14 Kreuzwegstationen zu einem **Aussichtsplateau** mit einem 17 m hohen, von innen besteigbaren Betonkreuz. Vom Querbalken aus genießt man **eine fantastische Fernsicht auf die Westküste** (Sommer Di–So 8–19.40, Mo 8–20 Uhr, 3 €).

Shopping

Am Kiosk auf dem Parkplatz kann man den **Sieben-Kräuter-Likör »Sette Erbe«** kaufen, der nach einem überlieferten Rezept italienischer Mönche hergestellt wird.

Kremasti 25

Kremasti besitzt nur einen mäßig attraktiven Kieselstrand und liegt zudem in der Einflugschneise des Flughafens. Touristisch ist hier also nicht allzu viel zu erwarten, doch es gibt einige nette Tavernen im Zentrum, die gerne von Griechen besucht werden. Die große moderne **Marienkirche** ist im Inneren prächtig ausgestattet und verwahrt die Ikone der »Panagia Kremasti«, die Wunder wirken soll. Der Legende nach wurde das Bild in einem Olivenbaum hängend gefunden. Daher rührt auch der Name: *kremasti* bedeutet »hängend«.

Alljährlich zwischen dem 14. und 23. August feiert man in Kremasti **das größte Marienfest des Dodekanes:** neun Tage mit Gottesdiensten, Jahrmarkt und Volkstanz.

Verkehr

Bus: Etwa 26 x tgl. nach Rhodos-Stadt.

Theologos 26

Der kleine Ort mit seinen schmalen Gassen und netten Tavernen liegt an einem Berghang, etwa 1,5 km landeinwärts. Hier herrscht noch dörfliche Atmosphäre, während sich an der Küste die letzte

Special

Surfparadies Rhodos

Götter können launisch sein! Und in der griechischen Mythologie wimmelt es von zornigen Gottheiten, die als Bestrafung Blitz und Donner oder heftige Winde aussandten. Was mag bei Ialisos einst vorgefallen sein? Denn dort weht ein derart heftiger Wind, dass man meinen könnte, die Götter hätten noch immer ihre Finger im Spiel.

Den Surfern, die auf ihren schmalen, kippeligen Brettern über das aufgepeitschte Meer jagen, soll es recht sein. Sie jedenfalls empfinden den stürmischen Wind, der an manchen Tagen eine Stärke von über sechs Beaufort erreicht, nicht als Strafe, sondern als göttlichen Segen.

Auch das Kitesurfen gehört auf Rhodos zum sportlichen Angebot, aus Sicherheitsgründen aber nur in wenig bebauten Gegenden wie Kremasti, Fanes und Prassonissi. Die großen Surfschulen › S. 20 informieren darüber auf ihren Websites.

Windsicheres Gebiet

Dass sich hier, knapp 8 km südlich von Rhodos-Stadt, ein windsicheres Revier befindet, hat sich in internationalen Surferkreisen herumgesprochen. Profis des Team Germany haben lange Zeit bei Ialisos trainiert, und Sommer für Sommer klettern Wassersportler aus aller Herren Länder mit ihren Brettern aus den Fliegern, um an der aufgewühlten Westküste den Wellen die Stirn zu bieten, darunter ab und an sogar Berühmtheiten wie Josh Stone. Auch internationale Wettbewerbe werden hier regelmäßig ausgetragen

Surfbretter werden von den Fluggesellschaften gegen Aufpreis transportiert. Natürlich kann man Bretter und Ausrüstung auch vor Ort leihen.

Atlantische Gefühle

Dass die Küste bei Ialisos mit ihren unzähligen Hotelkomplexen längst nicht mehr zu den reizvollsten der Insel zählt, kratzt die Surfer wenig. Auf den Wind kommt es an, der ist das einzige, was zählt! Aber auch die Gesellschaft anderer Surfer hat ihren Reiz. Das abendliche Fachsimpeln im Surfhaus des Pro Center (› unten) ist Ritual, bevor man es am nächsten Tag wieder aufnimmt – mit Aeolos, dem rauschenden Wind, der atlantische Gefühle beschert. Wohl dem Ungeübten, der aus sicherer Entfernung vom Kiesstrand aus dem bunten »Wettrennen« zuschauen kann.

Surfkurse

Surfkurse für alle Könnensstufen, auch für Kinder, bietet das von dem Deutschen Jürgen Niens geleitete **Pro Center,** das zum Blue Horizon Hotel gehört. Fortgeschrittene trainieren im JP-Neil-Pryde und im F2-Northsails Center jeweils mit neuestem Equipment der jeweiligen Hersteller. Anfängerkurse werden am Fun Surfcenter Windmill abgehalten, an einer vor Wind und Wellen besser geschützten Stelle der Bucht. Das Kitesurfrevier der Schule liegt etwa 3 km südwestlich von Ialisos bei Kremasti.

Pro Center
Jürgen Niens
85101 Trianda][Tel. 22410 95819
www.procenter-rhodos.com

Reviere für Anfänger

Surfanfänger, die die ersten zaghaften, wackeligen Versuche wagen möchten, können dies auch an der Ostküste tun. Der Meltemi bläst hier nicht annähernd so heftig, und wer ins Wasser plumpst, ist alsbald wieder obenauf. Ein ideales Terrain also zum Üben! Ob in Faliraki, Stegna oder tief im Süden bei Prassonissi, wo wieder die »Profis« am Zuge sind – Surfbrettverleihe und Kursleiter buhlen um Kundschaft.

Und so findet man auf Rhodos kaum einen Küstenstrich, vor dem nicht die bunten Segel flattern. Vorausgesetzt, der Himmel hat Wind geschickt und keine Flaute – als Strafe für das eine oder andere Vergehen!

Wind 4 Fun
Prassonissi][Tel. 22440 91044
www.prasonisicenter.com

Wohnen im Surfhaus

Um sich lange Wege zu ersparen, können Surfer auch eines der sechs frisch renovierten Apartments im Surfhaus des Pro Center buchen, 20 m vom Strand und dem »Windmill Surf Center« entfernt. Die einfachen Studios verfügen über eine kleine Küchenzeile, Klimaanlage und Balkon mit Meerblick (●). Abends trifft man sich an der Bar zum Fachsimpeln, regelmäßig finden Partys und Grillabende statt.

Hotelzone der Westküste erstreckt. Störend ist das südlich bei Soroni gelegene Kraftwerk.

Straußenfarm 27

Zwischen Theologos und dem Petaloudes-Tal (auf Beschilderung »Ostrich Farm« achten) liegt die Straußenfarm, in der es aber nicht nur die großen Laufvögel zu sehen gibt, sondern auch Papageien und Sittiche. Zum Tierbestand zählen weiterhin Lamas, Affen, Pfaue, Hirsche, Wildschweine, Kängurus, Esel und Ziegen. Bei kleinen Kindern stößt besonders der Streichelzoo auf Begeisterung. Nach dem Rundgang kann man in der Snackbar Straußen-Burger und andere Gerichte mit Straußenfleisch essen. Ein kleiner Souvenirladen bietet u. a. Straußenfedern sowie Taschen und Gürtel aus Straußenleder zum Verkauf (tgl. 9–19.30 Uhr, 4 €/2 €).

**Petaloudes 28

Im Schmetterlingstal Petaloudes, auch »Butterfly Valley« genannt, leben Tausende sogenannter Harlekinfalter. Sie ernähren sich von den harzigen Ausscheidungen der Amberbäume *(Liquidambar orientalis)*, die sonst nur in Kleinasien vorkommen. Der wissenschaftliche Name der seltenen Schmetterlingsart lautet *Callimorpha quadripunctaria*. Ihr Kennzeichen ist die leuchtend rote, schwarz gepunktete und weiß gestreifte Flügelunterseite, die aber nur zu sehen ist, wenn die Tiere fliegen.

Beliebtes Ausflugsziel für Kinder

Früher pflegten viele Führer die nachtaktiven Falter aufzuschrecken, um sie zum Fliegen zu bringen. Dadurch war der Bestand über Jahre stark rückläufig. Die Tiere hatten am Tage nicht mehr genügend Schlaf- und Erholungsphasen, um Energie für die nächtliche Paarung zu sammeln. Heute sind Störungen verboten – man sollte sich im Tal entsprechend ruhig verhalten.

Doch auch ohne Schmetterlinge, die im Juli/August ihre größte Population erreichen, ist Petaloudes ein lohnendes Ausflugsziel. Ein Bach schlängelt sich durch die bewaldete Schlucht, in der dicht belaubte Bäume Schatten spenden. **Es gibt viele lauschige Picknickecken und Sitzgelegenheiten am plätschernden Wasser.** Echt gut! Warme Gerichte serviert die nette Taver-

Das Brunnenhaus von Kamiros

ne am Haupteingang der Schlucht; hier informiert auch ein kleines Naturhistorisches Museum über die Flora und Fauna des Tals. Am höher gelegenen Talende, das man nach einem etwa 45-minütigen Spaziergang erreicht, steht das Kloster Moni Kalopetra. Hier kann man im Kafenion den schönen Ausblick über die grün bewaldeten Hügel des Inselinneren genießen (im Sommer 8–19 Uhr, Eintritt 5 € inkl. Museum).

Soroni 29

Das lebendige kleine Örtchen mit zumeist menschenleerem Kiesstrand – und Blick auf das nahe Kraftwerk – ist vom Tourismus so gut wie unberührt. Bekannt ist Soroni in erster Linie für das 4 km entfernt im waldreichen Inland gelegene Wallfahrtskloster **Agios Soulas** 30, wo am 30. Juli der Namenstag des hl. Soulas gefeiert wird. Am Tag zuvor findet eines der größten Volksfeste von Rhodos statt, dessen Höhepunkt Eselrennen bilden.

9 **Kamiros 31

Rund 120 m oberhalb des Meers liegt die **eindrucksvolle Ruinenstadt Kamiros,** das seltene Beispiel einer hellenistischen Wohnstadt, die in den 1930er-Jahren von italienischen Archäologen freigelegt. wurde. Durch den Waldbrand 2008 wurden leider weite Teile des einst duftenden Pinienhains, der die Ausgrabungsstätte umgab, zerstört. In der Antike war Kamiros die kleinste der drei dorischen Städte. In den Straßen, in denen man umherspazieren kann, lebten keine reichen Seefahrer und Kaufleute, sondern Handwerker, die in zahlreichen Werkstätten ihrem

Gewerbe nachgingen und in winzigen Häusern wohnten.

Wie aus Mythen und archäologischen Grabungen hervorgeht, war Kamiros seit minoischer Zeit besiedelt. Stadtgründer soll Althaimenes, ein Enkel des legendären Königs Minos von Knossos, gewesen sein.

Die keramischen Erzeugnisse von Kamiros waren weit über die Grenzen der Insel hinaus bekannt, schon Homer rühmt die Stadt in der Ilias als »die Tonreiche«. Leider sind nur wenige Zeugnisse dieser Kunstperiode auf Rhodos selbst geblieben, z. B. die Fikelloura-Gefäße aus der gleichnamigen Totenstadt (im Archäologischen Museum in Rhodos). Vieles aber ruht noch unter der Erde, denn weite Teile der Stadt sind noch nicht freigelegt worden.

Nach den Zerstörungen durch das furchtbare Erdbeben 226 v. Chr. wurde Kamiros nach hellenistischem Muster wieder aufgebaut. Ein neuerliches schweres Beben 142 n. Chr. veranlasste die Bewohner jedoch endgültig, den Ort zu verlassen. Anders als Lindos › S. 92 ist es also nie überbaut worden. Doch wie in Lindos wird beim Tempelbezirk eine typisch hellenistische Dramatik in der Bauplanung, ein **effektvolles Zusammenspiel von Natur und Architektur,** sichtbar.

Echt gut!

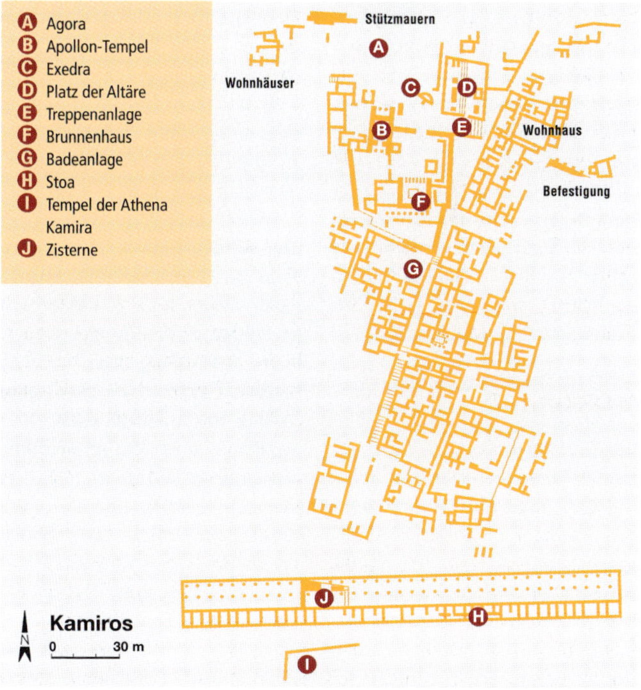

Rundgang

Man beginnt den Besuch der an einen Hang gebauten Stadt auf dem untersten Plateau, der großen **Tempelterrasse** nahe der ehemaligen **Agora** Ⓐ. Zahlreiche Säulenbasen mit Inschriften künden davon, dass hier einst Statuen und Weihegaben für den Pythischen Apollon gestanden haben. Von einem **Apollon-Tempel** Ⓑ im dorischen Stil ist nur noch der Unterbau erhalten. Nordöstlich davon erkennt man die kleine, halbkreisförmige **Exedra** Ⓒ, die einstige Rednertribüne.

Gegenüber vom Eingang befindet sich der **Platz der Altäre** Ⓓ; auf dem großen Altar rechts vom Eingang wurde, so die Inschrift, dem Sonnengott Helios geopfert. Die **Treppenanlage** Ⓔ, die die Tempelterrasse mit der Hauptstraße durch das Wohnviertel verbindet, diente vermutlich auch als Zuschauertribüne.

Die Straße führt vorbei an einem **Brunnenhaus** Ⓕ, der **Badeanlage** Ⓖ sowie einigen größeren hellenistischen **Wohnhäusern,** die häufig um einen Atriumhof herum angelegt waren, zur Akropolis. Von einem der schönsten Atriumhäuser hat man die Säulen wieder aufgerichtet. Bei dem Gebäude handelte es sich einst um die »Villa« eines reichen Bürgers.

Echt gut!

Quer über den Hügelkamm, der das Stadtgebiet im Osten begrenzt, erstreckte sich der **großartigste Bau der hellenistischen Stadt,** die **Stoa** Ⓗ (Säulenhalle). Die 200 m lange Säulenfront verdeckte nach typisch hellenistischer Manier den dahinter liegenden **Tempel der Athena Kamira** Ⓘ. Davor liegt eine riesige **Zisterne** Ⓙ, die in der Frühzeit die Wasserversorgung sicherte (Sommer tgl. 8–19.40 Uhr, 4 €).

Restaurant

Taverne New Kamiros
Direkt am Strand.
Auch bei Einheimischen beliebte Taverne mit einer kleinen Auswahl guter Fleisch- und Fischgerichte. ●●

Salakos 32

Das Bergdorf mit der hübschen, baumbestandenen Platia ist ein guter Ausgangspunkt für eine Wanderung auf den Profitis Ilias › S. 103, 115. Die Bewohner dieses auf 700 m Höhe gelegenen Ortes leben in erster Linie vom Weinbau. Im Ort gibt es ein Gasthaus und mehrere Tavernen rund um die Platia, auf der man gerne verweilen möchte.

Sehenswert ist die **Kimisis tes Theotokou-Kirche,** wie Agios Nikolaos Fountoukli › S. 116 und Agios Georgios in Rhodos-Stadt › S. 59 eine Vierkonchenanlage. Den Fußboden der Kirche schmückt ein typisch rhodisches Mosaik aus Meereskieseln. Von der Platia ist ein kleines **Heimatmuseum** (Traditional House) ausgeschildert. In einem zu Spaziergängen einladenden kleinen Tal oberhalb des Ortes entspringt in der Makarounia-Höhle die **Nymphi-Quelle,** die bei der Wasserversorgung der Insel eine nicht unbedeutende Rolle spielt.

Die baumbestandene Platia von Salakos hat ihren eigenen Charme

Verkehr

Bus: Von Rhodos-Stadt fährt nachmittags ein Bus nach Salakos, zurück geht es frühmorgens und am späten Nachmittag.

Hotel

Nymphi
Tel. 22460 22206
www.rhodos-travel.com/hotel-nymphi.htm
Gemütliches Hotel mit Kamin und Garten nahe der gleichnamigen Quelle, vor allem bei Wanderern als Unterkunft beliebt. ●

*Profitis Ilias 33

Der Profitis Ilias ist mit 798 m der dritthöchste Berg der Insel – nach dem Ataviros und dem Akramitis – und dank seiner **herrlichen Wälder und der vielfältigen Mittelmeerflora** eines der schönsten Wandergebiete von Rhodos. Aufmerksame Beobachter können am Wegrand verschiedene Orchideenarten, das violette Rhodische Alpenveilchen und die weiß blühende Rhodische Pfingstrose entdecken.

Der teils als Militärzone gesperrte Profitis Ilias ist sowohl von Salakos › S. 114 als auch von Agios Nikolaos Fountoukli › S. 116 zu erreichen. Die Straße vom Fountoukli-Kirchlein ist wenig befahren, aber gut asphaltiert und führt bis knapp unter den Gipfel; von Salakos führt ein markierter Wanderweg empor › S. 103.

Hotel

Elafos
Tel. 22460 22402
www.elafoshotel.gr
Ungewöhnlich mutet das im Südtiroler Chaletstil erbaute Berghotel Elafos (»Hirsch«) unterhalb des Gipfels an, das von den Italienern errichtet wurde,

lange Zeit verwaist dalag und 2006 nach gründlicher Renovierung wiedereröffnet wurde. Der Name der Herberge weist auf das Rotwild hin, das in den umliegenden Wäldern noch vereinzelt wild vorkommt. Auch das benachbarte Hotel Elafina soll restauriert und 2011 wiedereröffnet werden. ●●

Apollona 34

An den Südhang des Profitis Ilias schmiegt sich das kleine Weindorf Apollona. In der Antike soll an dieser Stelle ein dem Apollon geweihter Tempel gestanden haben, der dem Dorf seinen Namen gab. Bekannt ist Apollona für den guten Wein, der hier in den netten Tavernen ausgeschenkt wird. Sehenswert ist zudem das kleine **Volkskundemuseum** nahe der Kirche, das landwirtschaftliche Geräte, Trachten, Keramiken, eine Bettstelle u. v. a. m. präsentiert (wechselnde Öffnungszeiten, im Kafenion erkundigen).

**Agios Nikolaos Fountoukli 35

Echt gut!

In völliger Abgeschiedenheit liegt dieses **Kleinod byzantinischer Architektur und Wandmalerei.** Der Beiname »Fountoukli« bedeutet Haselnuss. Die dem hl. Nikolaus (der am Nikolaustag ja die Kinder auch mit Nüssen beschenkt) geweihte Kirche gehörte zu einer spätbyzantinischen Klosteranlage, deren Gebäude jedoch nicht mehr vorhanden sind. Sie war die Stiftung eines hohen byzantinischen Beamten und seiner Frau zum Gedenken an ihre drei Kinder, die Opfer der Pest wurden.

Über dem im 14. Jh. entstandenen Vierkonchenbau (der Grundriss entspricht einem Quadrat mit vier angesetzten Apsiden) wölbt sich eine außen durch schlanke Nischen vertikal gegliederte Tambourkuppel. Aus dem 14. Jh. stammen auch die prächtigen Wandmalereien, die z. T. in späteren Jahrhunderten übermalt oder ausgebessert wurden.

Im Altarraum sieht man unter der Deesis (»Fürbitte«) die interessante Darstellung einer Apostelkommunion: Links nimmt Petrus von Christus das Brot entgegen, rechts trinkt Paulus den ihm von Jesus gereichten Wein. Im südlichen Kreuzarm sind zum Thema

Bei Sonnenuntergang ist der Blick

Karte Seite 80

»Taufe Christi« lustig anmutende spielende Kinder dargestellt, von denen eines beispielsweise auf einem Frosch reitet. Im westlichen Kreuzarm erkennt man links neben der Tür die Stifter und rechts daneben die drei verstorbenen Kinder: zwei Jungen und ein Mädchen. Weinreben, auf denen Vögel sitzen, symbolisieren, dass die Kleinen bereits im Paradies angekommen sind.

Gleich bei der Kirche gibt es einen lauschigen Picknickplatz unter Bäumen.

Kamiros Skala 36

Der einzige Fischerhafen an der Westküste diente wohl schon in der Antike als Hafen. An der Mole schwappen die Fischerboote im Wasser, in den Tavernen wird frischer Fisch serviert. Für viele Rhodier ist Kamiros Skala, wenngleich kein Idyll, ein beliebtes Ausflugziel am Wochenende.

An Sehenswürdigkeiten hat der Hafenort nicht viel zu bieten. Im Felsen hinter der Taverne Louka sind die Reliefreste eines lykischen Grabes zu erkennen.

Eine Straße führt von Kamiros Skala zur imponierenden Ritterburg **Kastro Kritinias** (Kastello) 37, die auf einem Felsen hoch über dem Meer thront und vom höchsten Punkt beim mächtigen Donjon einen **fantastischen Blick auf die vorgelagerten Inseln Alimia und Chalki** bietet. Mit ihrem Bau wurde 1309 begonnen. Nach 1472 kamen der Turm und die Mauern hinzu. Die Festung muss

Echt gut!

vom Kastro Kritinias auf die vorgelagerten Inseln besonders schön

für den damaligen Handel eine große Bedeutung gehabt haben, da florentinische Bankhäuser den Bau finanzierten. Im Gegenzug nutzten sie das Kastell als Warenlager für ihre Güter aus dem Mittelmeerhandel.

Verkehr

- **Bus:** tgl. 2 x von Rhodos-Stadt, 3 x zurück.
- **Fähren:** im Sommer 1 x tgl. nach Chalki (Abfahrt 15 Uhr, Dauer 1,5 Std.), in der Hauptsaison sonntags auch Tagesbootsausflüge (ab 9 Uhr).

Hotel

Pension Liros
Tel. 22460 31264][www.liros.gr
Das 1997 erbaute Haus verfügt über zehn Zimmer mit Bad und Balkon. Preiswert und gut ist das Angebot der gleichnamigen Taverne. ●

Restaurants

- **Althaimenes**
Tel. 2460 3133
Beliebte Fischtaverne, die lebende Hummer in großer Zahl vorrätig hat; Vermietung einfacher Zimmer. ●●
- **Amythita**
Tel. 22460 31091
Größter Trumpf neben den ausgezeichneten *mezedes* (Vorspeisen) ist die Restaurantterrasse mit fantastischem Blick über das Meer. ●●

Kritinia 38

Das schneeweiße Bergdorf an einem Berghang wurde von kretischen Einwanderern gegründet. Der Blick auf das Kastello › S. 117 und die hinreißend schöne Westküste, die einem zu Füßen liegt, ist einmalig – besonders vom Café Milos aus, das sich direkt vor dem kleinen **Heimatmuseum** am nördlichen Ortseingang befindet (Eintritt frei). Das von zwei Zypressen gerahmte Kirchlein **Agios Ioannis Prodromos** am südlichen Ortsrand dürfte im 12./13. Jh. entstanden sein und bietet ein schönes Fotomotiv.

Hotel

Mavroudis
Tel. 22460 31344
Wer Ruhe in der waldreichen Berglandschaft sucht, kann sich in diesem Gasthaus einmieten. Etagenbäder, aber schöne Dachterrasse. ●

Restaurant

Café Milos
Vor dem Ortseingang von Kritinia
Allein schon der Aussicht wegen empfehlenswert.

10 *Embonas 39

Im Winzerdorf Embonas unterhalb des Ataviros dreht sich alles um die Trauben, die an den Hängen des Ataviros so prächtig gedeihen und in der ortsansässigen **Weinkellerei Emery** in edle Rebsäfte verwandelt werden. **Von ihrer Qualität kann man sich bei Verkostungen überzeugen** (werktags 10–16 Uhr, Voranmeldung unter Tel. 22460 41208, www.emery.gr). Embonas gehört mittlerweile zum Standardprogramm von Inselrundfahrten, mehrmals pro Woche werden Folkloreabende veranstaltet, an denen »echte

Karte Seite 80

Fantasievolle Webteppiche sind eine Spezialität von Embonas

rhodische Lebensart« vorgeführt wird. Der ganze Rummel hat das Dorf nachhaltig verändert. Die Bewohner haben sich längst auf den Durchgangstourismus eingestellt, zumindest lässt er die Kassen klingeln. Im Ort floriert der Verkauf von bunten Teppichen, die z. T. noch von den Frauen des Dorfes an den Webstühlen daheim gefertigt werden. Läufer oder Bettvorleger in dezenten Farben und Mustern werden auch in Läden angeboten. Im Ortszentrum gibt es ein kleines **Heimatmuseum,** in dem ein Einraumhaus mit Originaleinrichtung zu sehen ist. Embonas ist auch Ausgangspunkt für eine Wanderung auf den Ataviros › S. 105.

Verkehr

Bus: 2 x nachmittags von Rhodos-Stadt, zurück frühmorgens und spätnachmittags.

Hotel

Ataviros

Tel. 22460 41235

Das Hotel an der Straße nach Siana bietet großzügige Zimmer mit Küchenecke und Balkon. ●

Restaurant

Alonia

Die griechische Taverne am Hauptplatz serviert Fisch- und Grillgerichte. ●

Shopping

Vivi Koutroulis

Neben der Taverne Alonia

Original rhodische Handarbeiten und Wandteppiche zu moderaten Preisen.

Ataviros 40

Von vielen Stellen der Insel aus sieht man den lang gestreckten, grauen Gipfel des Ataviros (1215 m). In der Antike hatten mykenische Siedler das höchste

Massiv von Rhodos ausgewählt, um Göttervater Zeus dort ein Heiligtum zu errichten. Davon zeugen heute nur noch Fragmente. Die atemberaubende Aussicht lässt die Mühen des Aufstiegs schnell vergessen: Echt gut! **Vom Gipfel blickt man an klaren Tagen bis nach Kreta.** Pflanzenfreunde erfreuen sich im Frühjahr auf dem Weg an Blütenteppichen aus weißem und blauem Salbei, hellblauen Anemonen, Zistrosen, Wolfsmilch und Rotem Hornmohn. Mittlerweile führt auch eine größtenteils asphaltierte Straße hinauf auf den steinigen, baumlosen Gipfel. Ausgangsort der Besteigung › S. 105 ist das Weinörtchen Embonas.

Echt gut!

Die spektakulärsten Aussichtspunkte

- Vom **Kastell Monolithos** aus überschaut man die zerklüftete Südwestküste der Insel mit ihren malerischen Badebuchten › S. 121.
- Über die Dächer von Rhodos-Stadt schweift der Blick vom **Roloj**, dem Uhrturm › S. 59.
- Der Aufstieg zum **Klosterberg Tsambika** wird mit einem herrlichen Panoramablick über die Küste, den schönen Tsambika-Strand und das Hinterland belohnt › S. 89.
- Die Trianda-Ebene überragt das große Betonkreuz am Ende des Golgatha-Weges auf dem **Filerimos**, dessen Querbalken als Aussichtsbalkon fungiert › S. 107.
- Weit übers Meer bis zu den vorgelagerten Inseln reicht der Blick vom **Kastello bei Kamiros Skala** › S. 117.
- Vom Gipfel des **Ataviros** kann man an klaren Tagen bis nach Kreta sehen › S. 119.
- Fantastische Panoramablicke auf die tief eingeschnittenen Buchten von Gialos und Pedi bieten sich vom **Kastro-Hügel auf Simi** › S. 132.

Agios Isidoros 41

Der Ataviros lässt sich auch von Agios Isidoros aus besteigen, einem kleinen Bauerndörfchen mit schneeweißen Häusern, netter Dorfkirche und einigen ursprünglichen Tavernen und Kafenia im Zentrum. Auf dem Weg von Embonas dorthin lohnt ein Stop beim einsam gelegenen Kloster **Moni Artamiti,** dessen Kirche im Inneren schöne Kieselmosaiken und eine reich geschnitzte Altarwand birgt.

Siana 42

In dem Bergdorf, das für **köstlichen Honig, Joghurt und den Tresterschnaps Souma** bekannt ist, fällt die mitten im Ort stehende neobyzantinische **Panteleimonos-Kirche** (1892) auf. Die alte Kirche daneben stammt aus dem 12./13. Jh. Bei einer Pause im Kafenion Elafia kann man die Ruhe dieses eindrucksvollen Platzes genießen. Am Friedhof beginnt der Weg zum **Akramitis-Gipfel.** Die lohnende Tour führt durch felsige, teils bewaldete Landschaft und bietet immer wieder herrliche Ausblicke (2,5 Std.; mit roten Punkten markierter Weg).

Karte Seite 80

Die Strände am Kap Fourni hat man bisweilen ganz für sich

11 **Kastro Monolithos 43

2,5 km außerhalb des Dorfes **Monolithos** erhebt sich eine Kreuzritterfestung, das Kastro Monolithos. Ihr Name, der »Einstein« bedeutet, geht auf das 250 m hohe Felsplateau zurück, auf dem Großmeister Pierre d' Aubusson um 1500 die Fliehburg erbauen ließ. Über aus den Felsen gehauene Stufen kann man sie besteigen. Hübsch anzusehen ist die schneeweiß getünchte Kapelle **Agios Panteleimos.** Von hier oben bietet sich **ein grandioser Panoramablick über die Westküste.**

Hotel

Thomas
Tel. 22460 61291
www.thomashotel.gr
Das Hotel am Ortsrand bietet 9 helle Zimmer mit Bad und Balkon. ●

Restaurant

Christos Corner
Tel. 22460 61310
Trumpf ist hier die Terrasse mit herrlichem Blick aufs Meer. ●

Kap Fourni 44

Folgt man der Straße von der Festung Monolithos aus weiter Richtung Meer, erreicht man nach ca. 5 km das felsige Kap Fourni. Selbst im Hochsommer ist man an der bizarren Landzunge, an der mehrere Kiesbuchten zum Baden einladen, mitunter ganz alleine. In der Antike war das Gebiet rund um das Kap besiedelt, noch heute erkennt man Treppen und Grabkammern. Die Wände der Höhlen, die lange Zeit als Piratenverstecke dienten, sind zum Teil mit frühchristlichen Symbolen verziert. Eine einfache Kantine am Strand bietet Snacks und kalte Getränke.

Der stille Süden

Nicht verpassen!

- Am herrlichen Sandstrand von Prassonissi baden
- Auf der Platia des urigen Bergdorfs Messanagros einen Kafe Elliniko trinken
- Von Apolakkia zum freskengeschmückten Kirchlein Agios Georgios Vardas wandern
- Bei einem Abendessen in Gennadi authentisch-griechisches Alltagsleben kennenlernen
- Im schön gelegenen Kloster Skiadi die Macht des Wunderglaubens erleben

Karte Seite 124

Zur Orientierung

Einsame Straßen, menschenleere Strände und unberührte Naturlandschaften: Der Süden ist immer noch ein Ziel für Individualisten, auch wenn er zunehmend besser erschlossen wird. Besondere Sehenswürdigkeiten gibt es hier nicht, dafür ursprüngliche Dörfer, viel Einsamkeit und Ruhe. Wer die Region erkunden möchte, braucht dazu unbedingt ein Auto. Das Busnetz ist nicht sehr dicht und Ziele wie das Kloster Skiadi oder der Strand von Prassonissi werden gar nicht mit öffentlichen Verkehrsmitteln angefahren. Unterkunft findet man in kleinen Pensionen und Privatzimmern, persönliche Kontakte sind hier meist schnell geknüpft.

Touren in der Region

Wanderung zu Kirchen und Kapellen

⑭ Apolakkia › Agios Georgios Vardas

Dauer: 3 Std.
Praktische Hinweise: Ausreichend Getränke und Proviant für ein Picknick mitnehmen – unterwegs gibt es keine Tavernen oder Cafés.

Südlichster Punkt der Insel: das noch ruhige Prassonissi

Eines der beliebtesten Wanderziele liegt etwas außerhalb des Ortes **Apolakkia** › S. 128 in völliger Einsamkeit: die Einraumkirche ***Agios Georgios Vardas** › S. 128, ein spätbyzantinisches Juwel aus dem 13. Jh. Man folgt zunächst den Schildern Richtung Stausee (»Reservoir«). An Melonenfeldern vorbei geht es über Feldwege, bis man das kleine Gotteshaus mit seinen gut erhaltenen Fresken erreicht hat. Hier genießt man bei einem Picknick die Stille dieses geweihten Ortes, bevor es zurückgeht nach Apolakkia. Wer dann noch Tatendrang verspürt, kann das Ruinenfeld von **Agia Irini** › S. 128 mit den Relikten einer frühchristlichen Kirche aus dem 6. Jh. suchen, das an der Straße von Apolakkia Richtung Istrios liegt. Vermutlich war Agia Irini einst Bischofssitz.

Bergdörfer und Traumstrände

⑮ Kattavia › Kloster Skiadi › Messanagros › Lachania › Kattavia › Prassonissi

Dauer: Tagestour
Praktische Hinweise: Beim Kloster Skiadi werden einfache Zimmer vermietet.

Die Tour startet in **Kattavia** › S. 126, von dort folgt man zunächst der Küstenstraße Richtung Monolithos, bis rechts der Abzweig zum ***Kloster Skiadi**

› S. 126 erfolgt, der wichtigsten Wallfahrtskirche von Rhodos. Hier wird die bedeutendste Ikone der Insel aufbewahrt, die dem Volksglauben nach vom Evangelisten Lukas persönlich gemalt wurde. Über die neue Straße erreicht man rasch das 4 km entfernt gelegene Bergdorf **Messanagros** › S. 125. Hier kehrt man bei »O Mike« ein, wo sich die Alten bereits am Morgen treffen, um Tavli zu spielen, die Zeitung zu lesen oder an einem *kafe elliniko* zu nippen. Beim Bummel durch das von Abwanderung geprägte Dorf wird man viele leer stehende oder verfallene Häuser sehen. Hauptattraktion ist die Kirche Kimisis tis Theotokou (13. Jh.) mit frühchristlichen Bauelementen. Nächste Touretappe ist das Künstlerdorf **Lachania** › S. 126, wo ebenfalls ein Bummel lohnt. Viele der verfallenen Häuser sind liebevoll im Inselstil restauriert worden und bieten hübsche Fotomotive. Über Kattavia erreicht man **Prassonissi** › S. 127, wo man den Tag bei einem erfrischenden Bad ausklingen lassen kann – sofern der Wind nicht gar zu heftig bläst.

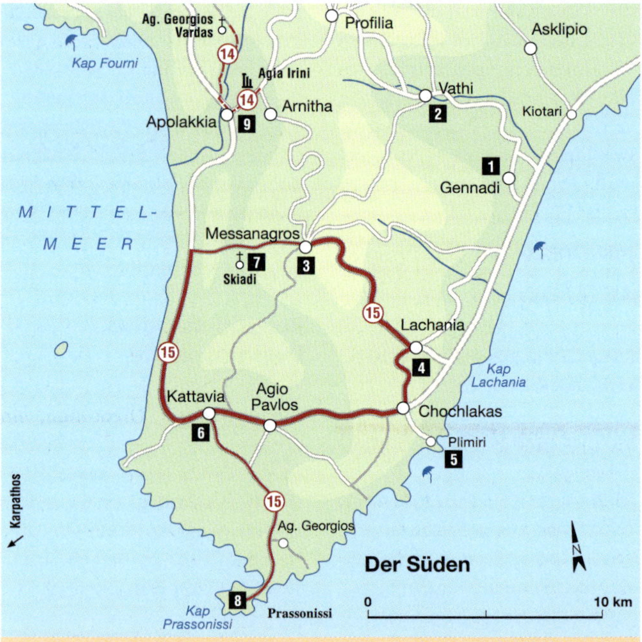

(14) **Wanderung zu Kirchen und Kapellen** Apolakkia › Agios Georgios Vardas

(15) **Bergdörfer und Traumstrände** Kattavia › Kloster Skiadi › Messanagros › Lachania › Kattavia › Prassonissi

Karte Seite 124

Unterwegs im Süden

Gennadi 1

Der zaghafte Tourismus hat dem kleinen Ort (ca. 400 Einw.) bislang keinen Abbruch getan. Zwar sind einige Hotels am Ortsrand entstanden, dennoch kann man in Gennadi noch immer einen ruhigen Urlaub verbringen. Der vom Zentrum ca. 1 km entfernt gelegene Kiesstrand (Liegen- und Sonnenschirmverleih) zieht sich kilometerweit die Küste entlang und ist meist nur rund um die Tavernen belebt. In den Gassen erwacht am Abend das Leben, es gibt ein paar Geschäfte, nette Tavernen und traditionelle Kafenia. Der Ort ist ein guter Ausgangspunkt für Touren durch den einsamen Süden.

Verkehr

Bus: in der Saison tgl. etwa stdl. über Lardos nach Rhodos-Stadt, Di, Do, Sa 1 x tgl. nach Lachania–Kattavia, Mo, Mi, Fr nach Vathi–Apolakkia.

Hotels

■ **Evangelos**
Tel. 22440 43329][Fax 22440 43083
An den Hang gebautes, freundliches kleines Hotel (21 Zimmer) am Ortsrand mit Blick aufs Meer. ●

■ **Effies Dream Apartments**
Tel. 22440 43205
www.effiesdreams.com
Vermietet werden 6 nette Studios mit kleiner Küchenzeile, Balkon und Klimaanlage. ●

Restaurant

Mama's Kitchen
Tolle Pizzen, aber auch klassische griechische Gerichte wie Stifado. Im Zentrum, direkt an der belebten Gasse. ●

Vathi 2

In das kleine Dorf verirren sich kaum Besucher. Doch der Bummel durch die engen, zum Teil malerischen Gassen lohnt sich. Anschließend kann man **in der netten Taverne Platanos** (●–●●) an der Platia einkehren, die ein deutsch-griechischen Ehepaar betreibt.

Echt gut!

Messanagros 3

Touristen sind in dem Bergdorf, in dem mittlerweile die meisten Häuser leer stehen, eine Seltenheit. Das Leben spielt sich in und um die Café-Bar »O Mike« ab, wo sich schon am frühen Morgen die alten Männer zum *kafé elliniko* treffen. Sehenswert ist alleine die Kirche **Kimisis Theotokou,** ein Einraumbau aus dem 13. Jh., der auf den Fundamenten zweier frühchristlicher Basiliken steht. In ihre Wände wurden frühchristliche Elemente verbaut. Bei »O Mike« bekommt man den Schlüssel.

Restaurant

O Mike
Die Café-Bar ist Restaurant, Kaffeehaus, Infozentrale und Lebensmittelpunkt von Messanagros. ●

Karte
Seite 124

Lachania 4

Seit Künstler und Intellektuelle damit begonnen haben, in den stillen Gassen von Lachania Häuser aufzukaufen und in romantische Sommerquartiere umzubauen, erlebt der von Abwanderung geprägte Ort einen kleinen Aufschwung. Auf den ersten Blick wirkt Lachania wenig idyllisch. Doch wer seinen Wagen parkt und durch **die malerischen Gassen des unteren Dorfbereichs** schlendert, der wird überrascht sein vom Charme des kleinen Weilers. Die tiefblauen Haustüren bilden als Kontrast zu den schneeweißen Wänden und Mauern hübsche Fotomotive. Reizvoll ist auch die kleine, von einer mächtigen Platane überschattete Platia. Hier steht auch die Dorfkirche mit dem typisch rhodischen, durchbrochenen Glockenturm

Echt gut!

Bislang noch wenig besucht ist der kilometerlange Sandstrand von **Plimiri** 5. Er liegt in einer weiten Bucht 7 km südlich von Lachania, die leider durch eine lange Betonmole verschandelt wird. Eine Taverne am Strand bietet gute Fischgerichte an. Dahinter steht die kleine Kirche Zoodochos Pigi, bei deren Errichtung antike und frühchristliche Bauteile Verwendung fanden.

Hotel

Apartments Four Elements
Tel. 22440 46001
www.thefourelements.be
Die geräumigen Studios (Pool) können wochenweise gemietet werden. ●●

Restaurant

O Platanos
Mitten im Dorf an der Kirche.
Einfache, aber lauschige Taverne unter einer großen Platane, neben einem plätschernden Brunnen. ●

Kattavia 6

Das südlichste Dorf von Rhodos liegt in einer ebenen, von niedrigen Hügeln umgebenen Landschaft, in der Getreide angebaut wird. Bei der Anfahrt sieht man etliche verlassene Gehöfte, und auch die aufgelassene Kirche **Agios Pavlos** erinnert daran, dass die Italiener hier eine landwirtschaftliche Siedlung aufbauen wollten. Die meisten Besucher machen in Kattavia bloß einen Zwischenstopp auf dem Weg nach Prassonissi. Dabei kann man hier typisch griechisches Dorfleben kennenlernen. An der hübschen Platia im Zentrum befinden sich nette Tavernen, in denen man recht gut essen kann. Der ältere Teil der **Friedhofskirche Kimisis Theotokou,** eine Kreuzkuppelkirche, stammt aus dem 14. Jh.

Hotel

Prasonisi Club
Am Dorfrand][Tel. 22460 91231
Einfache Studios, beliebt bei Surfern. ●

Ausflug zum *Kloster Skiadi 7

Etwa 15 km nördlich von Kattavia liegt in abgeschiedener Bergeinsamkeit das nur über eine Schotterpiste erreichbare Wallfahrtskloster Moni Skiadi, das im 13. Jh. gegründet wurde. Aus dieser Zeit stammt die kleine Kreuzkuppelkirche, heute Altarraum der neuen Kirche von 1861. Ziel der Pilger ist die wundertätige Marien-Ikone. die am 7./8. September hier gefeiert wird.

Der Überlieferung nach soll der Evangelist Lukas persönlich die Ikone der *Panagia*, der »Allheiligen« Maria, gemalt haben. Das Heiligenbild geht alljährlich zu Beginn der 40-tägigen Fastenzeit vor Ostern auf eine mehrwöchige Reise durch verschiedene Orte im Süden wie Siana, Kritinia und Apolakkia, bis es am Sonntag nach Ostern, dem Tag des hl. Thomas, in der Kirche Agios Thomas zwischen Messanagros und Lachania Station macht und Mittelpunkt eines großen Volksfestes ist.

Beim Kloster befindet sich ein kleines Souvenirgeschäft.

Prassonissi 8

Ganz im Süden liegt Prassonissi, **einer der besten Starkwindsurfspots am Mittelmeer.** Die kleine, vorgelagerte Insel war früher mit Rhodos verbunden, jetzt ist das riesige Sandfeld durch einen Meereskanal unterbrochen. Doch während man im Sommer bisweilen trockenen Fußes hinüberwandern kann auf die »grüne Insel« (Prassonissi), ist die Landverbindung im Frühling oder Herbst meist überspült. Man sollte auf gefährliche Strömungen achten. Zwar ist dieses Fleckchen meist von heftigen Nordwinden umtost, dennoch kann man an der nach Osten gerichteten Strandseite bisweilen herrlich baden. Das Meer ist hier wesentlich ruhiger, und es geht ganz flach ins Wasser. Nach den Frühjahrsstürmen wirkt der Strand oft schmutzig, im Sommer ist er ein Juwel.

Echt gut!

Bunte Fresken schmücken den Innenraum des Klosters Skiadi

Hotels/Restaurant

■ **Lighthouse I/II**
Am Strand
Tel. 22440 91030 oder 22440 91071
www.prassonisi.com
In den beiden Hotels werden Studios mit Kochmöglichkeit vermietet, auf Wunsch auch mit Halbpension. Angeschlossen ist eine Taverne. ●●

■ **Ocean Palace**
Neues Hotel kurz vor dem Strand
www.prasonisi.com
Hübsche Zimmer mit Dusche/WC, Balkon und Kühlschrank. ●●

Aktivitäten

Pro Center
Am Strand][Tel./Fax 22440 91045
www.prasonisi.com
Surfkurse für alle Könnensstufen, Surfbrettverleih.

Eine Insel – zwei Welten

Rhodos hat zwei ganz unterschiedliche Gesichter: Da ist zum einen die kosmopolitische Hauptstadt mit ihren Hotels und dem bunten Nachtleben. Keine 60 km weiter südlich existiert ein ganz anderes, viel beschaulicheres Rhodos. In Bergdörfern wie Messanagros oder Asklipio scheint die Zeit stillzustehen. Während der flirrenden Mittagshitze liegen die Dörfer wie ausgestorben da, erst am späten Nachmittag beziehen die Alten wieder Posten in den traditionellen Kafenia. Für Abwechslung sorgt da höchstens der Lastwagen, der sich einmal am Tag in die Dörfer hochschraubt, um Lebensmittel – und zuweilen auch Neuigkeiten – aus der anderen Welt zu bringen.

Apolakkia 9

Der ruhige Ort, Zentrum eines fruchtbaren Beckens, in dem Melonen und Getreide angebaut werden, ist für die meisten Besucher nur Durchgangsstation. Längeres Quartier nehmen lediglich Wanderer, denn in der Umgebung gibt es einige lohnende Ziele. So versteckt sich etwa 3 km nördlich des Ortes **ein kleines spätbyzantinisches Juwel:** die Einraumkirche ***Agios Georgios Vardas** mit volkstümlich-bäuerlichen Fresken aus der Erbauungszeit (um 1290). Man erreicht sie über einen Feldweg, der zum Stausee (»Reservoir«) führt. Wer die Kapelle besichtigen möchte, sollte sich in Apolakkia nach dem Schlüsselverwalter erkundigen. Eine weitere Tour führt über die Zufahrtsstraße nach Istrios zum Ruinenfeld von **Agia Irini,** einem ehemaligen Bischofssitz. Nach etwa 3 km stößt man kurz vor der Abfahrt nach Vathi auf eine Gruppe von Zypressen. Dahinter verbergen sich die spärlichen Überreste mehrerer frühchristlicher Kirchen.

Hotel/Restaurant

Amalia
Tel. 22460 61365
www.rhodos-wandern.com/hotel-amalia.htm
Kleines Hotel an der Platia mit 18 einfachen, aber sauberen und geräumigen Zimmern. Die angeschlossene Taverne serviert gute Grillgerichte. ●

Simi hat einen der schönsten Häfen der Ägäis

Die Nachbarinseln Simi und Chalki

Nicht verpassen!

- Den Panoramablick von Chorio über die enge Hafenbucht von Simi genießen
- Authentisch-griechisch speisen – auf der schönen Terrasse der Taverne Giorgos in Chorio
- Über die karstig-kahlen Bergrücken von Chalki zum einsamen Kloster Agios Ioannis wandern
- Eine Bootstour von Nimborio zur unbewohnten Insel Alimia unternehmen, wo man herrlich baden kann

Zur Orientierung

Die nur vier Seemeilen vor der türkischen Küste liegende Felseninsel Simi (58 km²) besitzt einen der schönsten Häfen der Ägäis: An den steilen Hängen staffeln sich die in Pastellfarben getünchten Herrenhäuser, die neoklassizistischen Fassaden der tiefblauen, fjordartigen Bucht zugekehrt. Ansonsten präsentiert sich die gebirgige Insel rau, steinig und vegetationslos. Da sie keine schönen Sandstrände besitzt, hält sich der Tourismus auf Simi in Grenzen. Der eindrucksvolle Hafenort (bestehend aus Gialos, der Unterstadt, und Chorio, der Oberstadt) ist zugleich die einzige größere Siedlung der Insel. Rund um das Hafenbecken warten Tavernen auf die Passagiere der Ausflugsboote aus Rhodos. Zum Ausflugsprogramm gehört die Besichtigung des Klosters Panormitis im Süden, das meist auf der Hinfahrt angesteuert wird. Schöne Wanderziele wie das Kloster Roukouniotis und hübsche Badebuchten an der Ostküste wie Pedi, Nanou und Marathounda sind Tagesziele für Besucher, die länger bleiben wollen.

Das karge, wasserarme Eiland Chalki (28 km²) liegt nur wenige Seemeilen westlich von Rhodos. Um 1900 sorgte hier, ebenso wie auf Simi, die Schwammfischerei für Wohlstand. Damals lebten auf Chalki gut 5000 Menschen, heute sind es nur noch 300. Ihre Lebensgrundlage bilden Fischfang und Fremdenverkehr, viele verlassene Häuser wurden zu Studios und Apartments umgebaut. Aber auch der Ausflugstourismus von Rhodos trägt zum Einkommen bei. Neben dem Hauptort Nimborio (auch Emborio) und den kleinen Badebuchten sind das verlassene Chorio (Kastro) und das Kloster Agios Ioannis schöne Ziele für eine Tagestour.

Touren in der Region

Simi: Wanderung zum Kloster Roukouniotis

(16) Gialos › Agios Fanourios › Kloster Roukouniotis › Agios Fanourios › Vigla › Chorio › Gialos

Dauer: 4–5 Std.
Praktische Hinweise: Eine gute Karte ist unabdingbar. Im Sommer an Kopfbedeckung, Sonnencreme und ausreichend Wasser denken.

Startpunkt ist die große Platia am Hafen von **Simi (Gialos)** › S. 132. Vorbei am Nautischen Museum folgt man den Treppen zunächst bergan, bis man auf einen Eselspfad stößt. Auf ihm erreicht man die Kirche **Agios Fanourios,** die über einen hübschen Innenhof verfügt. Von hier sind es noch etwa 25 Min. bis zum weithin sichtbaren **Kloster Roukouniotis** › S. 134 mit seiner riesigen Zypresse. Nach der Besichtigung kehrt man auf dem gleichen Weg wieder zurück, biegt jedoch bei der Kirche Agios Fanourios nach rechts ab zum 616 m hohen Berg **Vigla.** Oben angekommen, bietet sich ein fantastischer Panoramablick über die vielen Buchten im Norden der Insel. Über einen serpentinenreichen Weg erreicht man von dort erst **Chorio** › S. 132, wo man in eines der Kafenia einkehrt, bevor man sich wieder an den Abstieg zum Hafen macht.

Chalki: Wanderung zum Kloster Agios Ioannis

(17) Chorio › Kloster Agios Ioannis › Chorio

Dauer: 4–5 Std. hin und zurück, 8 km eine Strecke
Praktische Hinweise: Der Weg ist schattenlos, daher unbedingt an eine Kopfbedeckung, Sonnencreme und ausreichend Getränke denken. Unterwegs gibt es keine Einkehrmöglichkeit. Alternativ kann man mit dem Bus zum Kloster fahren und zurücklaufen.

Von **Chorio** › S. 136, das von einer alten Johanniterfestung überragt wird, folgt man der Straße Richtung Westen, vorbei an einer verfallenen Windmühle, kleinen Kapellen und verlassenen Klöstern. Die Landschaft wird immer rauer und karger, man wandert über die Hochebene, von der sich stellenweise fantastische Ausblicke auf die Küste bieten. Schon von Weitem sieht man das **Kloster Agios Ioannis** › S. 136 ganz im Westen der Insel. Nach der Besichtigung der Klosterkirche und einer kurzen Pause geht es auf gleichem Weg wieder zurück nach Chorio.

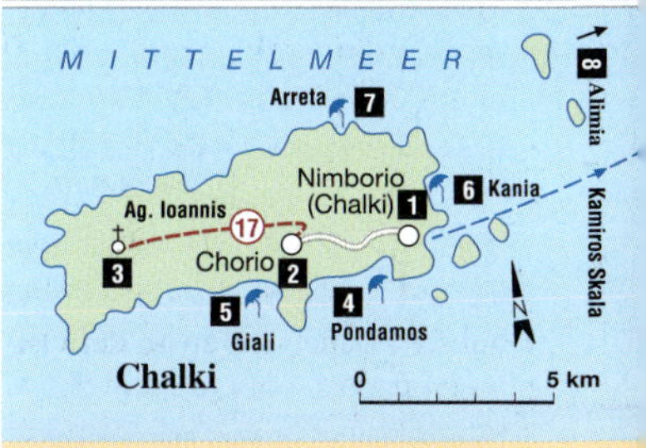

(16)
Wanderung zum Kloster Roukouniotis auf Simi Gialos › Agios Fanourios › Kloster Roukouniotis › Agios Fanourios › Vigla › Chorio › Gialos

(17)
Wanderung zum Kloster Agios Ioannis auf Chalki Chorio › Kloster Agios Ioannis › Chorio

Karte Seite 131

Unterwegs auf Simi

12 **Simi (Gialos/Chorio) 1

Die Inselhauptstadt (2500 Einw.), Echt gut! **die zu den schönsten der Ägäis zählt,** besteht aus dem Hafenort **Gialos** (»Ufer«, »Strand«) und der Oberstadt **Chorio** (»Dorf«). Malerisch ziehen sich die in Ocker, Gelb oder Blassblau getünchten Herrenhäuser die steilen Hänge hinauf. Ihren Wohlstand verdankt die Insel dem Schiffsbau. So zimmerten die Simier Schiffe für die Johanniter und die Türken, die sich durch Landschenkungen auf dem türkischen Festland erkenntlich zeigten und ihnen viele Privilegien gewährten. Andere Einnahmequellen waren der Handel sowie die Schwammfischerei. Über letztere informiert das **Nautische Museum** hinter der Platia von Gialos (Di–Sa 10–15 Uhr). Noch um 1900 lebten über 20 000 Menschen auf Simi, heute sind es nur noch 3000. Fast alle profitieren von dem florierenden Tagestourismus. Der Fremdenverkehr brachte zudem das notwendige Geld, um die schönen alten Bürgerhäuser restaurieren zu können. Einige größere Kapitänshäuser wurden als Hotels hergerichtet, so dass keine Neubauten die architektonische Einheit stören.

Die Hafenfront dominieren der auffallende **Uhrturm** (1881) und das von den Italienern errichtete **Hafenamt.** In den Tavernen am langen Kai tummeln sich zwischen 11 und 16 Uhr, wenn die Ausflugsschiffe im Hafen liegen, Hunderte von Touristen, danach kehrt bald wieder Ruhe ein.

In der verwinkelten Oberstadt ist von dem Trubel wenig zu spüren. Die wenigsten Ausflügler steigen in der Hitze über die **Kali Strata** (»Gute Straße«), einen breiten Treppenweg mit 379 Stufen, hinauf nach Chorio. Auf dem Weg dorthin sieht man noch immer die Ruinen von Häusern, die im Zweiten Weltkrieg von der deutschen Wehrmacht zerbombt wurden. Wegweiser leiten durch einen wahren Irrgarten gewundener Gässchen zu dem kleinen **Museum** von Simi, das antike Skulpturen, byzantinische Ikonen sowie Volkskunst und Relikte aus aller Welt ausstellt, die die simischen Kapitäne einst von ihren Seereisen mitbrachten (Di–So 8–14.30 Uhr, 2 €). Vom mittelalterlichen **Kastro** sind nur noch ein paar Mauern und Torbögen erhalten, **doch hat man von oben den atemberaubendsten Blick.**

Info

■ **Symi Tours**
Am Hafen][Tel. 22460 71307
www.symitours.com
Vermittlung von Hotelzimmern und Ferienhäusern, Ausflügen, Bootstouren und Mietwagen.

■ **Internet:** www.symivisitor.com

Karte Seite 131

Bunte Herrenhäuser schmücken den Hafenort Gialos

Verkehr

- **Fähren:** tgl. vier Ausflugsboote von Rhodos-Stadt (Mandraki-Hafen), auch schnelle Tragflügelboote und Katamarane. Von Simi mehrmals wöchentl. Ausflugsboote in die Türkei. 1 x tgl. Wassertaxi zu den Inselstränden. Fähren 2 x wöchentl. nach Piräus, Kos, Tilos, Kalymnos, 4 x wöchentl. nach Rhodos.
- **Bus:** stündlich nach Pedi, 2 x tgl. quer über die ganze Insel zum Kloster Panormitis.

Hotels

- **Aliki**

Direkt am Hafenamt (Gialos)
Tel. 22460 71665
www.simi-hotel-aliki.gr
Stilvoll renoviertes Kapitänshaus mit 15 großen Zimmern und schöner Dachterrasse, sehr komfortabel. ●●●

Echt gut!

- **Iapetos**

Im rückwärtigen Teil von Gialos
Tel. 22460 72777
www.iapetos-village.gr

Luxuriöse Hotelanlage im traditionellen Villenstil mit Swimmingpool, ca. 200 m vom Hafenbecken entfernt. ●●●

■ Fiona

Ano Simi][Tel. 22460 72088
www.symivisitor.com/fiona.htm

Von den Balkonzimmern hat man eine herrliche Aussicht. Schöne Frühstücksterrasse. ●●

Restaurant

■ Giorgos

Chorio, oberes Ende der Kali Strata

Echt gut! Authentische griechische Küche, hübsche Terrasse. Hier schaut man vor der Bestellung in die Töpfe. ●

■ O Meraklis

Gialos, hinter Symi Tours

Große Auswahl an traditionellen Gerichten zu moderaten Preisen. ●

■ Mythos

Neben dem Busstopp am Hafen

Beliebtes Fischrestaurant. ●●

Nimborio 2

Ein paar Häuser, eine Taverne und ein schmaler Kiesstrand: Das abgeschiedene Nimborio ist genau das Richtige für alle, die Ruhe und Einsamkeit suchen. Wer hier baden geht, sollte auf Seeigel achten. Man erreicht Nimborio mit dem Taxiboot ab Gialos oder zu Fuß in ca. 45 Min.

Pedi 3

Rund 30 Min. braucht man zu Fuß von der Chora bis hinunter nach Pedi, einem winzig kleinen Ort an einer kreisförmigen Bucht, wo ein paar Pensionen und Tavernen auf Gäste warten. Hübsche kleine Häuser säumen die Hafenfront. Baden kann man an einem winzigen Kiesstrand.

Badebuchten an der Ostküste

Taxiboote tuckern im Hochsommer täglich von Gialos zu den stillen, einsamen Badebuchten an der Ostküste. Manche davon erreicht man auch zu Fuß. Die Bucht von **Agia Marina** 4 mit Sand-Kiesstrand verdankt ihren Namen der auf einer vorgelagerten Insel erbauten gleichnamigen Kirche. Der kleine Sand-Kiesstrand **Agios Nikolaos** 5 am Südende der Bucht von Pedi lockt mit einer Taverne.

Vor eindrucksvoller Felskulisse erstreckt sich der 300 m lange, nur per Boot erreichbare Kiesstrand von **Agios Georgios Disalona** 6. Am Sand-Kiesstrand der hübschen **Nanou-Bucht** 7 sorgt im Sommer eine Taverne für Erfrischungen. Auch an der **Marathounda-Bucht** 8 mit schmalem Kiesstrand hat in der Saison eine Taverne geöffnet.

Kloster Roukouniotis 9

Lohnende Wanderungen (auch organisierte Touren, buchbar bei Symi Tours › S. 132) führen zu den hoch an den Berghängen liegenden Kirchen und Klöstern, z. B. zum Moni Roukouniotis mit seiner architektonisch ungewöhn-

Karte Seite 131

Das Kloster Panormitis liegt ganz im Süden von Simi

lichen Doppelkirche. Die Unterkirche stammt noch aus der Zeit der Kreuzritter, darüber entstand im 18. Jh. ein weiterer Sakralbau. In der Unterkirche sind Fresken aus dem 14. Jh. zu bewundern, in der Oberkirche verdient die kunstvoll geschnitzte Ikonostase nähere Betrachtung.

**Kloster Panormitis 10

Ganz im Süden der Insel, gut 20 km vom Hauptort entfernt, liegt die nach Patmos zweitbedeutendste Klosteranlage des Dodekanes. Das dem Erzengel Michael geweihte Kloster wurde im 6. Jh. gegründet, erhielt sein heutiges Aussehen aber im 18. Jh.; der auffällige Glockenturm wurde erst 1905 hinzugefügt. Ziel der Pilger ist die angeblich **wundertätige Ikone des hl. Michael in der dunklen Klosterkirche** (1783; Fresken aus der Bauzeit), die besonders am 8. November, dem Michaelstag, Besucherscharen anzieht. Der Klosterinnenhof besitzt das für den Dodekanes typische Kieselpflaster. Ein kleines Museum zeigt Handschriften, Ikonen und liturgisches Gerät.

Echt gut!

Etwas abseits des Eingangs erinnert eine Bronzeplatte an eines der dunkelsten Kapitel der Klostergeschichte: 1944 ermordeten deutsche Faschisten den Klosterabt und zwei Zivilisten.

Hotel

Man kann in den Gästetrakten des Klosters auch in spartanischen Zimmern übernachten. ●

Karte
Seite 131

Unterwegs auf Chalki

Nimborio 1

Einzige Siedlung auf der Insel ist der Hafenort (*Emborio*), dessen stattliche pastellfarbene Häuser mit roten Ziegeldächern sich den Hang hinaufziehen. Viele stehen leer, immer mehr werden aber – teils mit EU-Geldern – restauriert und zu Studios umgebaut. Zwischen den Häusern ragt ein viergeschossiger **Glockenturm** empor, den im Ausland lebende Chalkier gestiftet haben. Er gehört zur Kirche **Agios Nikolaos** mit vergoldeter Ikonostase im Inneren und schönem Kieselmosaik im Innenhof. Einen weiteren Akzent setzt der Uhrturm des im 19. Jh. errichteten neoklassizistische **Rathauses.** Mit seinem Arkadengang und der Loggia im Obergeschoss ist es das auffälligste Gebäude des Ortes. Das dörfliche Leben spielt sich v.a. entlang der **Hafenpromenade** ab. Dort befinden sich nette Tavernen und Cafés, in denen sich Einheimische und Besucher abends tummeln. In der Hauptsaison ist es nicht so einfach, in Nimborio ein Zimmer zu finden, da es nur einige kleinere Pensionen gibt, die Studios sind alle pauschal vorgebucht. Eine Reservierung ist unerlässlich.

Info

- **Zifos Travel**
Tel. 22460 45028
www.zifostravel.gr
Vermittlung von Häusern, Apartments und Zimmern. Infos über die Insel. Im Hochsommer vorab buchen!
- **Internet:** www.chalkiholidays.gr

Verkehr

- **Fähren:** 1–3-mal wöchentl. nach Rhodos-Stadt und Kreta/Piräus; tgl. ab ca. 6 Uhr nach Kamiros Skala (ca. 1 Std.), ab dort tgl. 15 Uhr. 2 x wöchentl. (Sa, So) per Katamaran Tagesausflüge ab Rhodos-Stadt (Kolona-Hafen). Wassertaxi zu den Inselstränden und zum Strand der Nachbarinsel Alimia.
- **Bus:** 1 x tgl. nach Agios Ioannis, Chorio und zu den Inselstränden.

Hotel

Captain's House
Tel. 22460 45201
capt50@otenet.gr
Nette Pension in einem historischen Kapitänshaus nahe der Kirche von Nimborio. Dank der herrlichen Lage mit Panoramablick sind die drei Doppelzimmer meist rasch ausgebucht. ●●

Restaurants

Ob **Remetzo, Maria** oder **Balantis** – die Tavernen am Hafen sind alle empfehlenswert. ●

Kastro/Chorio 2

Chalkis einzige Straße führt von Nimborio bergauf zur früheren Inselhauptstadt (5 km). Die verfallenden Häuser, die nach dem Zweiten Weltkrieg von ihren Bewohnern verlassen wurden, hat

Karte Seite 131

die Natur bereits zurückerobert. Kakteen und Feigenbäume wachsen aus den Fenstern und den eingestürzten Dächern. Erst langsam beginnt man damit, einige der Ruinen wiederaufzubauen. Ein **grandioser Blick bietet sich von der 600 Jahre alten Johanniterfestung** über dem Ort.

Moni Agios Ioannis 3

Das einsam gelegene Kloster Agios Ioannis erwacht jedes Jahr am 29. August zum Leben: Am Jahrestag der Enthauptung des hl. Johannes ehrt man diesen mit einem Fest. Das Kloster ist ein beliebtes Wanderziel. Man erreicht es nach einer **aussichtsreichen Wanderung von Chorio aus, die durch karge Berglandschaft führt** (ca. 2,5 Std.).

Strände

Der Sandstrand an der hübschen Bucht von **Pondamos** 4 (15 Min. zu Fuß ab Nimborio, Taverne) ist im Sommer meist gut besucht. An den einsamen Kiesstränden von **Giali** 5 und **Kania** 6 gibt es bislang keine touristische Infrastruktur. Zum schwer zugänglichen kleinen Sandstrand von **Arreta** 7 besteht im Hochsommer eine Taxibootverbindung. Während der Saison werden auch Bootsausflüge zur unbewohnten **Insel Alimia** 8 angeboten, die einen schönen Strand besitzt.

Übernachten

Pondamos Taverne
Am Pondamos Beach
Tel. 22460 45295
Taverne mit einfachen Zimmern direkt am Strand. ●

Schwammtaucher

Mit einem unförmigen Taucherhelm auf dem Kopf, in den mit einem Dieselmotor Luft gepumpt wurde, stiegen die wagemutigen Männer von Chalki, Simi und Kalymnos früher in die Tiefen der See hinab, um die kostbaren Naturschwämme zu ernten – ein lukratives, aber nicht ungefährliches Geschäft. Wer zu tief oder zu lange tauchte, wer zu rasch wieder emporkam, zu schnell etwas aß oder eine schadhafte Taucherausrüstung besaß, der musste dies unter Umständen mit dem Leben bezahlen. Immer wieder gab es auch Fälle irreversibler Lähmungserscheinungen an den Beinen. Moderne Atemgeräte haben das Schwammtauchen heute zwar weniger riskant gemacht, dafür müssen die Schiffe inzwischen bis vor die Küsten Siziliens und Nordafrikas fahren – die zunehmende Umweltverschmutzung sowie eine mysteriöse Pilzkrankheit sind schuld daran, dass die Schwämme aus der Ägäis fast verschwunden sind.

Die sonnengelbe Farbe und flauschige Konsistenz erhalten die Schwämme übrigens erst in einem langen Prozess: Durch Schlagen, Waschen und Bleichen wird die dunkle, glitschige Masse entfernt, die das aus einem hornartigen Stoff bestehende Gerippe des Schwamms umgibt.

Infos von A–Z

Ärztliche Versorgung

Mit der europäischen Krankenkassenkarte (EHIC) haben alle gesetzlich Versicherten im Notfall Anspruch auf Behandlung bei Ärzten, Zahnärzten und in Krankenhäusern, die vom gesetzlichen griechischen Krankenversicherungsträger zugelassen sind. Im Einzelfall aber kann es einem passieren, dass man den Arzt privat bezahlen muss. Gegen Vorlage einer Quittung wird das Geld später von der Krankenkasse erstattet. Es empfiehlt sich dennoch, eine Auslandsreisekrankenversicherung abzuschließen, die Mehrkosten und ggf. einen Rücktransport abdeckt.

Das einzige Krankenhaus (Nosokomio Rodou) liegt am Rand von Rhodos-Stadt, oberhalb von Ixia an der Straße nach Pastida (Tel. 22410 80000, Bus Nr. 2). In größeren Orten gibt es Gesundheitszentren mit Erste-Hilfe-Station.

Apotheken *(farmakio)* erkennt man am grünen Neonkreuz. Hier wird einem bei kleineren Erkrankungen auch geholfen, ohne dass man zum Arzt gehen muss. Die meisten Arzneien sind rezeptfrei und günstiger als in Deutschland.

Diplomatische Vertretungen

- **Deutsches Honorarkonsulat**
85100 Rhodos-Stadt, Amerikis 55, Tel. 22410 37125, dgiortso@otenet.gr
- **Deutsche Botschaft**
Odos Karaoli & Dimitriou 3, 10675 Athen, Tel. 210 7285111, www.athen.diplo.de
- **Österreichische Botschaft**
Odos Vass. Sofias 4, 10674 Athen, Tel. 210 7257270, www.bmeia.gv.at/athen
- **Schweizerische Botschaft**
Odos Iassiou 2, 11521 Athen, Tel. 210 7230364–6, www.eda.admin.ch/athens

Einreisepapiere

Für einen Aufenthalt bis zu sechs Monaten genügt für EU-Bürger und Schweizer der Personalausweis. Es empfiehlt sich aber, den Reisepass mitzunehmen, weil man ihn eventuell im Hotel hinterlegen muss.

Elektrizität

Die Netzspannung beträgt 220 Volt. Flachstecker passen in der Regel, für Schukostecker braucht man aber zumeist einen Adapter.

Feiertage

- 1. Januar (Neujahr)
- 6. Januar (Epiphanias)
- 25. März (Nationalfeiertag, Beginn des griechischen Befreiungskampfes gegen die Türken 1821)
- Ostern
- 1. Mai (Tag der Arbeit)
- 15. August (Mariä Entschlafung)
- 28. Oktober (Ochi-Tag, Nationalfeiertag)
- 25./26. Dezember (Weihnachten)
- 31. Dezember (Silvester)

FKK / Oben ohne

Der einzige FKK-Strand von Rhodos liegt an einer Bucht bei Faliraki. »Oben ohne« ist an den Hotelstränden nicht unüblich, wird aber meist als Einladung an die Gigolos verstanden.

Fotografieren

Wer noch mit Filmen fotografiert, sollte diese mitnehmen, da sie in Griechenland recht teuer sind. Speicherchips für Digitalkameras sind in Rhodos-Neustadt erhältlich.

Ein absolutes Fotografierverbot herrscht in der Nähe aller militärischen Anlagen. In Museen darf man in der

Regel fotografieren, mit Blitzlicht nur beim Kauf einer zusätzlichen Eintrittskarte. In archäologischen Stätten ist das Fotografieren erlaubt, auch mit Stativ, in Kirchen dagegen ist es gewöhnlich verboten.

Geld

Landeswährung ist der Euro. Landessprachlich wird er *evro* oder englisch *juro* genannt, der Cent heißt *Lepta*. Geldautomaten gibt es in Rhodos-Stadt und in allen größeren Ortschaften. Dort sind Abhebungen mit der EC/Maestro- oder Kreditkarte möglich. Gängige Kreditkarten wie Visa oder Mastercard werden so gut wie überall akzeptiert; mit EC/Maestro kann man in Supermärkten zahlen.

Haustiere

Hunde werden in Hotels, wenn überhaupt, nur ungern aufgenommen und in Restaurants höchst widerwillig geduldet. Zur Einreise ist der EU-Heimtierausweis mit dem Nachweis einer gültigen Tollwutimpfung erforderlich. Darüber hinaus muss das Tier mit einem Mikrochip (noch bis 2011 genügt eine Tätowierung) gekennzeichnet sein.

Information

■ **Griechische Zentrale für Fremdenverkehr (GZF/EOT)**
60311 Frankfurt/M., Neue Mainzer Str. 22, Tel. 069/2 57 82 70, Fax 069/25 78 27 29, info@gzf-eot.de;
1015 Wien, Opernring 8, Tel. 01/51 25 31 7-0, Fax 01/5 13 91 89, egrect@vienna.at;
8001 Zürich, Löwenstr. 25, Tel. 044/221 01 05, Fax 044/212 05 16, eot@bluewin.ch;

■ **Im Internet:** www.gnto.gr (englisch)

■ **In Rhodos-Stadt: EOT,** Papagou/ Ecke Makariou, Tel. 22410 44330, eotrodos@otenet.gr, Mo–Fr 8–14 Uhr.

■ Im Gebäude der EOT befindet sich die **Touristenpolizei,** die bei Notfällen hilft, Tel. 2410 27423.

■ **Städtischer Info-Kiosk** an der Platia Rimini, gegenüber der Nea Agora. Hier bekommt man auch Fahrpläne für Busse und Fähren.

■ **Info-Zeitungen,** die in Hotels, Reiseagenturen und im Info-Kiosk gratis ausliegen, sind der deutschsprachige **Rhodos-Kurier** und die englischen **Rhodos News.**

Internet

Viele Hotelanlagen bieten mittlerweile kostenlosen WLAN- bzw. WiFi-Zugang an. Darüber hinaus findet man in fast allen Dörfern der Insel Internet-Cafés. Nur zwei von vielen Adressen in Rhodos-Stadt sind das Biliardo (Odos Alexandrou 3) und das Rock Style Café (Odos Dimokratias 7).

Kiosk

Der Kiosk *(periptero)* ist in griechischen Orten traditionell der zentrale Anlaufpunkt für alle Notlagen des Alltags. Er verkauft alle möglichen Dinge von A wie Aspirin bis Z wie Zeitung, und man kann von dort auch telefonieren. Einige Kioske am Mandraki-Hafen sind bis spät nachts geöffnet. Im Periptero an der Nea Agora bekommt man alle wichtigen ausländischen Zeitungen.

Urlaubskasse	
Tasse Kaffee	2–3 €
Softdrink	1,50–2,50 €
Glas Bier	2,50–5 €
Gyros Pide	2,50 €
Kugel Eis	1,30 €
Taxifahrt/km	0,30–0,56 €
Bus/10 km	2 €
Mietwagen/Tag	25–75 €
1 l Superbenzin	1,60 €

Notrufnummern

- **Notruf:** 112
- **Polizei:** 100
- **Feuerwehr:** 199
- **Waldbrand:** 191
- **Verkehrspolizei:** 22410 44131

Öffnungszeiten

- **Supermärkte** Mo–Sa 8–21 Uhr; kleinere Geschäfte, Boutiquen und Agenturen sind zwischen 13 und 17 Uhr geschlossen, Souvenirgeschäfte und Läden in den Hotelzonen haben aber oft bis 23 Uhr geöffnet.
- **Banken:** Mo–Do 8–14, Fr 8–13.30 Uhr.
- **Museen und archäologische Stätten:** tgl. außer Mo 9–15 Uhr; in der Hochsaison oft bis 19.40 Uhr. Ein Faltblatt mit aktuellen Zeiten und Eintrittspreisen erhält man bei der EOT.
- **Kirchen und Klöster** schließen oft um 15 Uhr, in manchen Klöstern herrscht Mittagsruhe (13–17 Uhr). Viele Kirchen sind mittlerweile verschlossen, weil es zu Diebstählen gekommen ist. Man bekommt die Schlüssel auf Anfrage.

Sicherheit

Auf Rhodos muss, abgesehen von den Zentren des Partytourismus wie Faliraki und Rhodos-Neustadt, kein Urlauber um seine Handtasche, geschweige denn um Leib und Leben fürchten. Die Kriminalität ist im europäischen Vergleich sehr gering. Trotzdem schadet Vorsicht nicht. **Polizei-Notruf:** 112.

Telefon und Handy

Am günstigsten telefoniert man von den zahlreichen Telefonzellen. Dafür benötigt man eine Telefonkarte *(tilekarta)*, die es bei der Telefongesellschaft OTE, in Supermärkten und an Kiosken zu kaufen gibt.

Seit November 2002 sind in ganz Griechenland die Teilnehmernummern zehnstellig. In die Nummern wurden die früheren Vorwahlziffern integriert. Sie müssen jetzt immer, auch bei Ortsgesprächen, mitgewählt werden.

Wer als Handy-Benutzer wissen will, wo sein Gerät funktioniert und wie er an das günstigste Telefonnetz herankommt, kann sich vor Reiseantritt bei Verbraucherzentralen oder bei www.teltarif.de (»Mobilfunk« anklicken) informieren.

Wenn man in einem griechischen Handynetz eingeloggt ist, braucht man keine griechische Vorwahl zu wählen. Für den Anruf an ein anderes deutsches Handy auf Rhodos muss jedoch die deutsche Vorwahl mitgewählt werden. Um Kosten zu sparen, sollte man unbedingt die Mailboxfunktionen abstellen!

Vorwahlnummern:

- Deutschland 00 49
- Österreich 00 43
- Schweiz 00 41
- Griechenland 00 30

Zeit

In Griechenland gilt die osteuropäische Zeit (OEZ), die der MEZ um eine Stunde voraus ist. Auch in Griechenland gilt die Sommerzeit, und zwar zu den in der EU üblichen Zeiten.

Zoll

Für Reisende aus EU-Ländern sind sowohl bei der Einreise nach Griechenland als auch bei der Wiedereinreise ins Heimatland Dinge des persönlichen Bedarfs zollfrei. Als Mengenobergrenze gelten 800 Zigaretten, 10 l Spirituosen und 90 l Wein pro Person über 17 Jahre (eine Neuregelung durch die EU ist geplant). Für Reisende aus Nicht-EU-Ländern sind zollfrei: 200 Zigaretten, 1 l Spirituosen und 2 l Wein, und Waren im Gesamtwert von bis zu 175 €. Die Ausfuhr von Antiquitäten und Ikonen, die älter als 50 Jahre sind, ist grundsätzlich verboten.

Register

Bildnachweis

akg-images: 33; Alamy/David Gowans: 102; APA Publications/Guglielmo Galvin: U2-Top12-07, 21, 30, 61, 77, 88, 92, 94, 104, 107, 133; Joachim Arndt: 56; Bildagentur Huber/Spila Riccardo: 1; Bildagentur Huber/R. Schmid: 18, 51, 59; Bildagentur Huber/G. Simeone: 48; edition Vasco/Wolfgang Seitz: 2-3; Farbdia-Archiv Amberg/Gunda Amberg: 67, 73, 96; Rainer Hackenberg: U2-Top12-08, 36, 54, 122; iStockphoto/Karel Gallas: U2-Top12-11, 46; iStockphoto/Kurt Hahn: U2-Top12-12; iStockphoto/Jarek Janosek: U2-Top12-04, 90; iStockphoto/runamock: 69; iStockphoto/Joszef Szasz-Fabian: U2-Top12-05; iStockphoto/tella_db: U2-Top12-01; Gerold Jung: 40, 109; laif/Frank Tophoven: U2-Top12-10; Sabine von Loeffelholz: U2-Top12-02, U2-Top12-03, U2-Top12-06, 13, 17, 44, 63, 84, 101, 111; LOOK-foto/Ingolf Pompe: 129; LOOK-foto/The Travel Library: 11; LOOK-foto/Heinz Wohner: 78; mauritius images/Manfred Habel: 24; mauritius images/Kerstin Layer: 6; Pixelio/Ingrid Kranz: 2-1; Gudrun Raether-Klüncker: U2-Top12-09, 9, 53, 55, 70, 99, 115, 116, 119, 121, 127, 135; Hubert Stadler: 38; Hanna Wagner: 112; Wikipedia: 29; Wikipedia/Friedrich Böhringer: 2-2; Ernst Wrba: 74.

Polyglott im Internet: www.polyglott.de

Impressum

Wir freuen uns, dass Sie sich für einen Reiseführer aus dem Polyglott-Programm entschieden haben. Auch wenn alle Informationen aus zuverlässigen Quellen stammen und sorgfältig geprüft sind, lassen sich Fehler nie ganz ausschließen. Wir bitten um Verständnis, dass der Verlag dafür keine Haftung übernehmen kann. Ihre Hinweise und Anregungen sind uns wichtig und helfen uns, die Reiseführer ständig weiter zu verbessern. Bitte schreiben Sie uns:
Polyglott Verlag, Redaktion, Postfach 40 11 20, 80711 München, redaktion@polyglott.de

Wir wünschen Ihnen eine gelungene Reise!

Herausgeber: Polyglott-Redaktion
Autoren: Frauke Burian und Gudrun Raether-Klünker
Redaktion: Anja Lehner
Bildredaktion: Ulrich Reißer
Layout: Ute Weber, Geretsried
Titeldesign-Konzept: Studio Schübel Werbeagentur GmbH, München
Karten und Pläne: Polyglott-Kartografie
Kartografische Bearbeitung: Eva Kühn
Satz: Schulz Bild & Text Hamburg
Druck: Himmer AG, Augsburg
Bindung: »Butterfly«-Bindeverfahren durch Kolibri Industrielle Buchbinderei geschützt durch Gebrauchsmusteranmeldung Nr. 20 2008 013 299.1

Printed in Germany
Dieses Buch wurde auf chlorfrei gebleichtem Papier gedruckt.
ISBN 978-3-493-55806-7

Langenscheidt Mini-Dolmetscher Griechisch

Allgemeines

Guten Morgen.	Καλημέρα. [kalimera]
Guten Tag.	Χαίρετε. [cherete]
Guten Abend.	Καλησπέρα. [kalispera]
Hallo! (du)	Γειά σου! [ja‿ßu]
Hallo! (Siezen und Plural)	Γειά σας! [ja‿ßas]
Wie geht es dir?	Τι κάνεις; [ti kanis]
Wie geht es Ihnen / euch?	Τι κάνετε; [ti kanete]
Danke, gut.	Καλά ευχαριστώ. [kala efcharisto]
Ich heiße ...	Λέγομαι ... [legome]
Auf Wiedersehen.	Αντίο. [andio]
Morgen	πρωί [pro•i]
Nachmittag	απόγευμα [apojewma]
Abend	βράδυ [wraði]
Nacht	νύχτα [nichta]
morgen	αύριο [awrio]
heute	σήμερα [ßimera]
gestern	χτες [chtes]
Sprechen Sie Deutsch / Englisch?	Μιλάτε γερμανικά / αγγλικά; [milate jermanika / anglika]
Wie bitte?	Ορίστε; [oriste]
Ich verstehe nicht.	Δεν καταλαβαίνω. [ðen katalaweno]
Sagen Sie es bitte nochmals.	Ξαναπείτε το, παρακαλώ. [ksanapite to parakalo]
..., bitte	..., παρακαλώ [parakalo]
danke	ευχαριστώ [efcharisto]
Keine Ursache.	Τίποτε. [tipote]
was / wer	τι / ποιος [ti / pjos]
wo / wohin	πού [pu]
wie / wie viel	πως / πόσο [pos / poßo]
wann / wie lange	πότε / πόση ώρα [pote / poßi ora]
Wie heißt das?	Πως λέγεται αυτό; [pos lejete afto]
Wo ist ...?	Πού είναι ...; [pu ine]
Können Sie mir helfen?	Μπορείτε να με βοηθήσετε; [borite na me wo•iθißete]
ja	ναι [ne]
nein	όχι [ochi]
Entschuldigen Sie.	Με συγχωρείτε. [me ßingchorite]
Das macht nichts.	Δεν πειράζει. [ðen pirasi]

Sightseeing

Gibt es hier eine Touristeninformation?	Υπάρχει τουριστικό γραφείο εδώ; [iparchi turistiko grafio eðo]
Haben Sie einen Stadtplan / ein Hotelverzeichnis?	Έχετε ένα χάρτη της πόλης / έναν κατάλογο ξενοδοχείων; [echete ena charti tis polis / enan katalogo ksenoðochion]
Wann ist das Museum / die Kirche / der Tempel geöffnet?	Πότε είναι ανοιχτό το μουσείο / ανοιχτή η εκκλησία / ανοιχτός ο ναός; [pote ine anichto to mußio / anichti i eklißia / anichtos o na•os]
Wann wird geschlossen?	Πότε θα κλείσει; [pote θa klißi]

Shopping

Wo gibt es ...?	Πού έχει ...; [pu echi]
Wie viel kostet das?	Πόσο κοστίζει αυτό; [poo kostisi afto]
Das ist zu teuer.	Είναι πολύ ακριβό. [ine poli akriwo]
Das gefällt mir (nicht).	Αυτό (δεν) μου αρέσει. [afto (ðen) mu‿areßi]
Gibt es das in einer anderen Farbe / Größe?	Υπάρχει σε άλλο χρώμα / μέγεθος; [iparchi ße allo chroma / mejeθos]
Ich nehme es.	Το παίρνω. [to perno]
Wo ist eine Bank?	Πού υπάρχει μια τράπεζα; [pu iparchi mia trapesa]
Geben Sie mir bitte 100 g (Feta-)Käse / zwei Kilo Orangen.	Παρακαλώ δώστε μου εκατό γραμμάρια τυρί (φέτα) / δύο κιλά πορτοκάλια. [parakalo doste mu ekato gramaria tiri (feta) / ðio kila portokalia]
Haben Sie deutsche Zeitungen?	Έχετε γερμανικές εφημερίδες; [echete jermanikes efimeriðes]
Wo kann ich telefonieren / eine Telefonkarte kaufen?	Πού μπορώ να τηλεφωνήσω / να αγοράσω τηλεκάρτα; [pu boro na tilefonißo / na agoraßo tilekarta]

Notfälle

Ich brauche einen Arzt / Zahnarzt.	Χρειάζομαι ένα γιατρό / έναν οδοντίατρο. [chriasome ena jatro / enan‿oðondiatro]
Rufen Sie bitte einen Krankenwagen / die Polizei.	Παρακαλώ καλέστε τις πρώτες βοήθειες / την αστυνομία. [parakalo kaleste tis protes woiθies / tin‿astinomia]

Wir hatten einen Unfall.	Είχαμε ένα ατύχημα. [ichame ena atichima]
Wo ist das nächste Polizeirevier?	Πού είναι το κοντινότερο αστυνομικό τμήμα; [pu ine to kondinotero astinomiko tmima]
Ich bin bestohlen worden.	Με κλέψανε. [me klepsane]
Mein Auto ist aufgebrochen worden.	Διέρρηξαν το αυτοκίνητό μου. [ðieriksan to aftokinito‿mu]

Essen und Trinken

Die Speisekarte, bitte.	Τον κατάλογο, παρακαλώ. [ton katalogo parakalo]
Was gibt es zu essen?	Τι φαγητά υπάρχουν; [ti fajita iparchun]
Brot	ψωμί [psomi]
Kaffee	καφές [kafes]
Tee	τσάι [tsa·i]
mit Milch / Zucker	με γάλα / ζάχαρη [me gala / sachari]
Orangensaft	χυμός πορτοκάλι [chimos / portokali]
Einen (griechischen) Kaffee, bitte.	Έναν (ελληνικό) καφέ παρακαλώ. [enan (elliniko) kafe parakalo]
Suppe	σούπα [ßupa]
Fisch	ψάρι [psari]
Meeresfrüchte	θαλασσινά [θalaßina]
Fleisch	κρέας [kreas]
Geflügel	πουλερικά [pulerika]
Beilagen	γαρνιτούρα [garnitura]
vegetarische Gerichte	χορτοφαγικά πιάτα [chortofajika pjata]
Eier	αυγά [awga]
Salat	σαλάτα [ßalata]
Dessert	επιδόρπιο [epiðorpio]
Obst	φρούτα [fruta]
Eis	παγωτό [pagoto]
Wein	κρασί [kraßi]
weiß / rot / rosé	άσπρο / κόκκινο / ροζέ [aspro / kokkino / rose]
Bier	μπύρα [bira]
Aperitif	απεριτίφ [aperitif]
Wasser	νερό [nero]
Mineralwasser	μεταλλικό νερό [metalliko nero]
mit / ohne Kohlensäure	με / χωρις ανθρακικό [me / choris anθrakiko]
Limonade	πορτοκαλάδα [portokalada]
Frühstück	πρωινό [pro·ino]
Mittagessen	μεσημεριανό φαγητό [meßimerjano fajito]
Abendessen	βραδινό φαγητό [wraðino fajito]
Ich möchte nur eine Kleinigkeit essen.	θα ήθελα να τσιμπήσω κάτι μονο. [θa iθela na tsimbißo kati mono]
Ich möchte bezahlen.	θα ήθελα να πληρώσω. [θa iθela na pliroßo]
Es war sehr gut / nicht so gut.	Ήταν νόστιμο / Δεν ήταν τόσο νόστιμο. [itan nostimo / ðen itan toßo nostimo]

Im Hotel

Ich suche ein gutes / nicht zu teures Hotel.	Ψάχνω ένα καλό / όχι πολύ ακριβό ξενοδοχείο. [psachno ena kalo / ochi poli akriwo ksenoðochio]
Ich habe ein Zimmer reserviert.	Έχω κλείσει δωμάτιο. [echo klißi ðomatio]
Ich suche ein Zimmer für ... Personen.	Ψάχνω ένα δωμάτιο για ... άτομα. [psachno ena ðomatio ja ... atoma]
Mit Dusche und Toilette.	Με ντους και τουαλέτα. [me dus kje tualeta]
Mit Balkon / Blick aufs Meer.	Με μπαλκόνι / θέα στη θάλασσα. [me balkoni / θea sti θalaßa]
Wie viel kostet das Zimmer pro Nacht?	Πόσο κοστίζει το δωμάτιο τη βραδιά; [poßo kostisi to ðomatio ti wraðja]
Mit Frühstück.	Με πρωινό; [me pro·ino]
Kann ich das Zimmer sehen?	Μπορώ να δω το δωμάτιο; [boro na ðo to ðomatio]
Haben Sie ein anderes Zimmer?	Έχετε και άλλο δωμάτιο; [echete kje allo ðomatio]
Das Zimmer gefällt mir (nicht).	Το δωμάτιο (δεν) μου αρέσει. [to ðomatio (ðen) mu‿areßi]
Kann ich mit Kreditkarte bezahlen?	Μπορώ να πληρώσω με πιστωτική κάρτα; [boro na pliroßo me pistotiki karta]
Wo kann ich parken?	Πού μπορώ να παρκάρω; [pu boro na parkaro]
Können Sie das Gepäck in mein Zimmer bringen?	Μπορείτε να μου φέρετε τις αποσκευές στο δωμάτιο; [borite na mu ferete tis aposkewes sto ðomatio]
Haben Sie einen Platz für ein Zelt / einen Wohnwagen / ein Wohnmobil?	Έχετε μία θέση για μία σκηνή / ένα τροχόσπιτο / ένα κάραβαν; [echete mia θeßi ja mia skini / ena trochospito / ena karawan]
Wir brauchen Strom / Wasser.	Χρειαζόμαστε ρεύμα / νερό. [chriasomaste rewma / nero]

Simi und Chalki S. 129
Sesklio
…e Westküste S. 102
Rhodos-Stadt S. 48
Kap Koumbourno
Rhodos
Kritika
Trianda
Ixia
Ialisos
Koskinou
Kap Vodi
Kremasti
Paradisi
Pastida
Thermen von Kalithea
Theologos
Damatria
Maritsa
Eleousa
Faliraki
Anthony-Quinn-Bucht
Ladiko-Bucht
Kalithies
Soroni
Fanes
Agios Soulas
Petaloudes
Psinthos
Kalavarda
Kamiros
Afandou
Salakos
Dimilia
Eleousa
Kolimbia
Kolimbia-Strand
Mandrikon
Kapion
Archipoli
Apollona
Ag. Nikolaos Fountoukli
Epta Piges
326
Tsambika
Kamiros Skala
Nani
798
Profitis Ilias
Alimia
Alimia
Kastello
Kritinia
Archangelos
Stegna
512
Profitis Ilias
Embonas
Malona

Hisarönü
Turgut
TÜRKEI
Re adiye
Körmen
Re adiye
Datça
Bozburun
Bozburun
Nimos
Simi
Nimborio
Simi
Pedi
616
Roukouniotis
12

Die Insel Rhodos und ihre Regionen

Insgesamt 17 Touren erschließen die landschaftliche und kulturelle Vielfalt von Rhodos. Die wichtigsten Sehenswürdigkeiten konzentrieren sich in Rhodos-Stadt, dessen Altstadt mit den imposanten Ritterpalästen zu den schönsten Griechenlands gehört. Die Ostküste ist fest in touristischer Hand, doch während es an den Stränden laut und trubelig zugeht, lockt das Hinterland mit stillen Landschaften und traditionellen Dörfern. Felsig und zerklüftet – so präsentiert sich die Westküste v.a. im Süden. Auf dem Besichtigungsprogramm sollten neben der faszinierenden Ausgrabungsstätte von Kamiros das Kastro Kritinias und die Burg Monolithos stehen. Menschenleere Strände, abgelegene Bergdörfer und unberührte Natur: Am stillen Inselsüden ist die touristische Entwicklung bislang fast spurlos vorübergegangen. Lohnende Schiffsausflüge führen zu den karstigen Nachbarinseln Simi und Chalki.

Die schönsten Touren

Einwöchige Rhodos-Rundreise

① **Rhodos-Stadt › Thermen von Kalithea › Epta Piges › Tsambika › Archangelos/Stegna › Lindos › Moni Thari › Kattavia › Prassonissi › Monolithos › Kamiros Skala › Kamiros › Petaloudes › Trianda/Ialisos › Ialisos/Filerimos › Rhodos-Stadt**

Die abwechslungsreiche Tour kombiniert die Besichtigung von historischen Stätten und Architekturdenkmälern mit Stadtbummeln, Spaziergängen durch typisch griechische Dörfer und Badeausflügen zu attraktiven Stränden.

Tagestour in die Umgebung von Rhodos-Stadt

② **Rhodos-Stadt › Koskinou › Thermen von Kalithea › Trianda/Ialisos › Ialisos/Filerimos › Rhodos-Stadt**

Reisenden mit knappem Zeitbudget bietet diese kurze Tour ein facettenreiches Insel-Kaleidoskop, das traditionelle Dorfarchitektur, ein byzantinisches Kloster und antike Ruinen umfasst. Auch der Badespaß kommt nicht zu kurz.

Dreitägige Wandertour im Inselinneren

③ **Rhodos-Stadt › Salakos › Profitis Ilias › Embonas › Ataviros › Monolithos › Kap Fourni › Apolakkia › Agios Giorgios Vardas**

Auf dieser Tour lernt man malerische kleine Bergdörfer zwischen den Bergmassiven des Ataviros und des Profitis Ilias kennen, entdecken lassen sich auch Juwelen byzantinischer Kunst wie die Kirche Agios Nikolaos Fountoukli.